똑똑한 이상한 꿈틀대는

뉴미디어

똑똑한 이상한 꿈틀대는 뉴미디어

주형일 지음

우리학교

··· 서문 ···

디지털 원주민이 꾸려 갈 뉴미디어 세상

"미디어는 메시지다."

캐나다의 커뮤니케이션학 이론가이자 전자 시대에 대한 사상가로 널리 알려진 마셜 매클루언의 말입니다. 미디어가 전달하는 내용과는 무관하게 미디어 자체가 사람들의 생각, 태도, 행동에 직접 영향을 준다는 뜻이죠. 매클루언은 텔레비전 프로그램 내용의 선정성이나 폭력성이 대중에게 끼치는 영향에 대해 걱정하기 전에, 텔레비전 자체가 존재함으로써 사람들의 삶이 어떻게 변했는지를 생각해 보라고 권했습니다.

디지털 정보 기술을 이용하는 뉴미디어가 본격적으로 등장하기 전에 마셜 매클루언은 세상을 떠났지만, 오늘날 우리가 스마트폰을 사용하고 인공지능이나 가상현실에 기반을 둔 미디어를 즐기는 모습을 그가 본다면 아마 자신의 주장이 옳았다고 생각할 것 같습니다. 뉴미디어가 전달하는 내용은 기존의 오래된 미디어와 큰 차이가 없지만, 뉴미디어가 제공하는 새로운 기술들이 현대인의 삶을 크게 바꾸는 모습을 목격하게 될 테니까요.

뉴미디어는 기본적으로 디지털 정보 기술을 기반으로 해 네트워크로 연결된 다양한 장치들입니다. 디지털 뉴미디어는 기존의 아날로그 미디어와는 달리 정보의 생성, 처리, 유통, 접근, 공유가 매우 자유롭고 즉각적으로 이루어집니다. 따라서 뉴미디어를 이용하는 사람들은 정보 습득과 오락뿐만 아니라 인간관계 형성을 비롯한 일상생활의 모든 영역에서 새로운 태도와 행동을 보이죠. 특히 태어날 때부터 뉴미디어 환경에서 성장한 청소년들은 뉴미디어를 자유롭게 활용하는 디지털 원주민Digital Native 입니다. 아날로그 미디어를 사용하다 뉴미디어를 사용하게 된 디지털 이민자 Digital Immigrant 와는 달리, 청소년들은 디지털 원주민으로서 단순히 뉴미디어를 자유자재로 다루는 데 그치는 것이 아니라 뉴미디어를 이용해 새로운 방식으로 정보를 찾고, 과제를 수행하며, 사람들을 만나고 상품을 소비하죠.

청소년 여러분은 뉴미디어의 가장 적극적인 이용자이자 뉴미디어가 가진 기술적 잠재력의 혜택을 온전히 누릴 수 있는 수혜자입니다. 하지만 동시에 뉴미디어가 초래하는 신체적·정신적 문제에 타격을 받을 가능성이 있는 잠재적 피해자이기도 해요. 모든 기술적 장치가 그렇듯이, 뉴미디어 역시 사용자가 어떻게 이용하느냐에 따라 편리하고 도움이 되는 친구가 될 수도 있고, 해를 끼치는 무기가 될 수도 있죠. 뉴미디어가 가진 능력을 잘 활용하는 현명한 사용자가 될 것인지, 뉴미디어의 가공할 힘에 휘둘리면서 피폐해져 가는 수동적 노예가 될 것인지는 여러분 자신에게 달려 있어요. '지피지기 백전불태'知彼知己 百戰不殆라는 말이 있듯이 뉴미디어에 대해 잘 알고 우리가 처한 상황에 대해 깊이 생각해 본다면 뉴미디어의 지혜로운 이용자가 될 수 있을 것입니다. 이런 문제의식에서 출발한 이 책은, 청소년 여러분에게는 너무나 익숙해서 깊이 생각해 보기 쉽지 않은 뉴미디어의 속성들을 살펴보고 있어요. 또 뉴미디어의 사용이 불러일으키는 개인적·사회적 현상들을 쉽게 풀어서 이야기하고 있죠. 이 책은 크게 네 부분으로 이뤄져 있습니다.

1부에서는 뉴미디어의 정의, 특성, 종류를 소개합니다. 뉴미디어가 어떻게 등장했으며 어떤 방식으로 발전해 왔는지 알아보고, 우리가 사용하는 다양한 뉴미디어의 종류와 특징을 정리합니다. 2부에서는 뉴미디어의 사용이 개인적·사회적으로 어떤 긍정적 결과를 가져올 수 있는지 이야기하고, 뉴미디어의 긍정적 사용을 저해하는 요소들은 무엇인지 알아보고 있죠. 1인 미디어와 소셜 미디어를 통한 자기노출이 자아에 끼치는 긍정적 효과가 무엇인지, 집단 지성을 발현시키고 공론장을 구성하는 뉴미디어의 사회적 효과에 어떤 것들이 있는지 분석합니다.

3부에서는 뉴미디어가 부정적으로 사용되었을 때 발생할 수 있는 문제들에 대해 논의하고 있어요. 뉴미디어의 사용이 불러일으키는 사이버 폭력, 가짜 뉴스, 중독의 문제를 함께 생각해 보는 시간을 갖습니다. 마지막으로 4부에서는 뉴미디어의 사용으로 사회가 어떤 방식으로 변화할 것인지 성찰할 수 있는 기회를 제공합니다. 디지털 격차, 빅데이터, 인공지능의 문제에 대해 논의하면서 뉴미디어가 4차 산업혁명의 시대에 어떤 역할을 할 수 있는지를 전망해 봅니다.

청소년 여러분은 디지털 원주민이지만, 기술은 쉬지 않고 계속 발전하고 있기 때문에 변화하는 기술과 사회에 대한 고민을 게을리한다면 자유로운 사용자가 아니라 도태된 집단이 될 수도 있습니다. 여러분이 각자 자기 자신과 새로운 기술에 대한 성찰을 통해 변화에 능동적으로 대처할 뿐만 아니라, 디지털 원주민으로서 유연하고 다원적인 사고를 통해 삶과 사회를 아름다운 예술 작품으로 만들어 가기를 응원합니다.

이 책은 뉴미디어가 인간은 물론 사회와 어떻게 관계 맺고 있는지를 전체적으로 조망할 수 있는 내용으로 꾸려져 있습니다. 뉴미디어의 홍수 속에서 길을 잃을 수 있는 사람들에게 작지만 유용한 이정표 역할을 할 수 있기를 기대합니다.

2020년 1월 주형일

차례

3부 뉴미디어는 어떤 문제를 일으킬까?

4부 뉴미디어는 어떤 사회를 만들어 갈까?

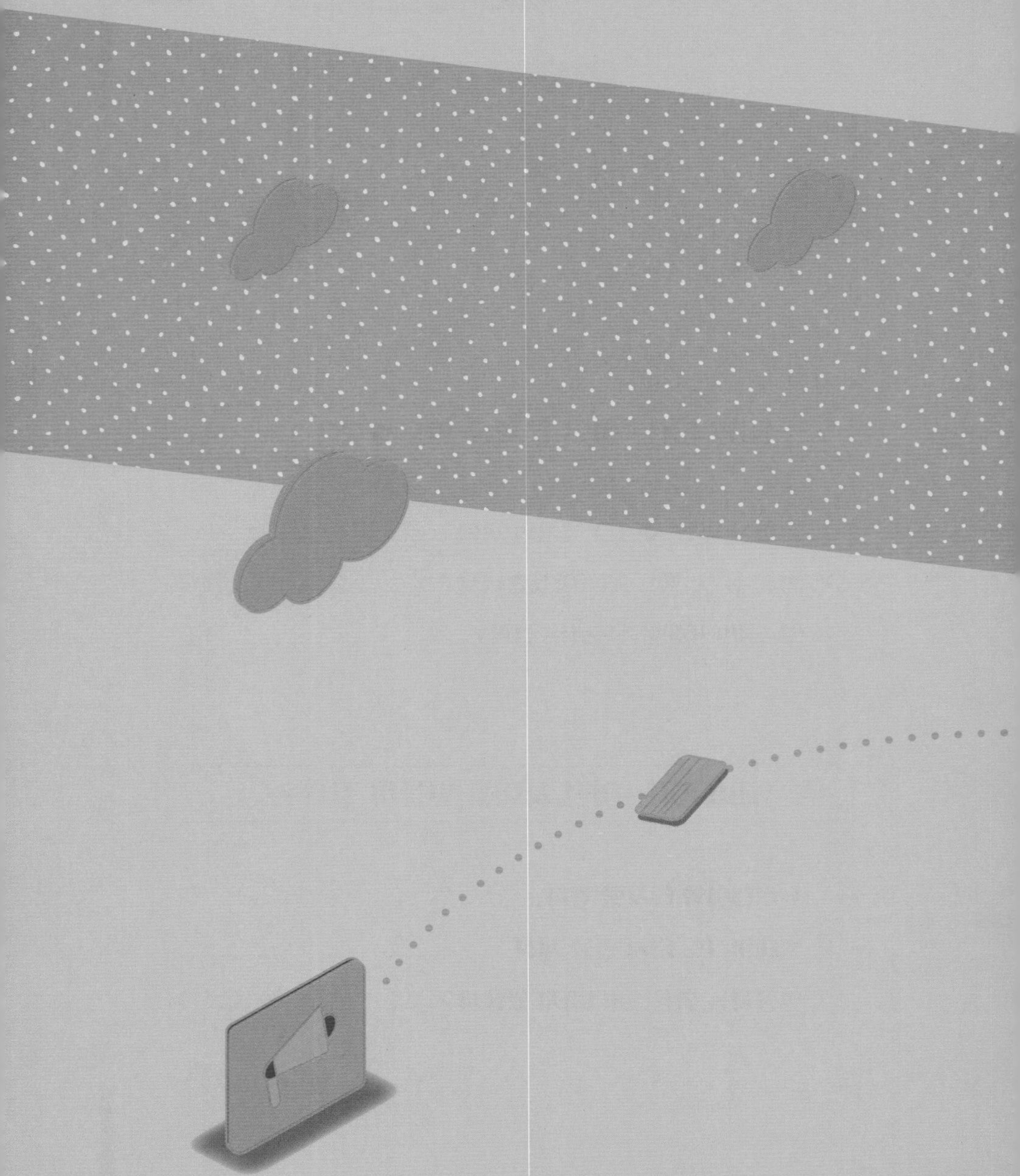

1부

뉴미디어란 무엇일까?

1.

뉴미디어를 소개합니다

도대체 뉴미디어가 뭔가요?

여러분은 아마 '뉴미디어'New Media란 말을 들어 본 적이 있을 겁니다. 뉴미디어는 단순히 말하면 '새로운 미디어'란 뜻입니다. 먼저 '미디어'란 단어에 대해 알아볼까요?

미디어는 커뮤니케이션을 하는 행위자들을 매개하면서 메시지를 전달하는 수단이에요. 우리 일상에서는 친구끼리 대화를 나누거나, TV 방송사가 프로그램을 제작해서 시청자에게 제공하는 것처럼 다양한 커뮤니케이션 상황이 발생합니다. 이때 나와 친구 사이를 매개하고, 방송사와 시청자 사이를 매개하면서 메시지가

전달될 수 있도록 하는 여러 수단이 바로 미디어입니다. 친구 사이의 대화에서는 입과 귀 같은 신체 기관, 언어나 몸짓과 같은 기호, 언어의 음파를 전달하는 공기와 같은 물질이 모두 미디어라고 할 수 있어요. 방송사와 시청자를 매개하는 미디어에는 카메라, 마이크, 텔레비전 수상기, 전파 등이 포함됩니다.

새로운 미디어라는 말은 무슨 의미일까요? 사람들 사이에서 커뮤니케이션이 가능하려면 반드시 미디어가 필요합니다. 커뮤니케이션 자체가 인류의 등장과 함께 시작되었으니, 미디어도 아주 오랜 옛날부터 존재해 왔다고 할 수 있죠. 당연히 아주 오래된 미디어Old Media가 있고, 새롭게 등장한 미디어가 있습니다. 그런데 언제부터 사용되기 시작해야 새로운 미디어일까요?

사실, '새로운'이라는 말의 의미는 상대적입니다. 100년 전보다는 50년 전에 사용된 것이, 어제보다는 오늘 등장한 것이 더 새로운 것이죠. 단순히 시간적으로 최근에 등장한 미디어라고 이해하면 뉴미디어는 계속 바뀔 수밖에 없습니다. 라디오보다는 텔레비전이, 텔레비전보다는 컴퓨터가 뉴미디어이니까요. 이렇게 되면 '뉴미디어'라는 단어를 특정한 공통의 속성을 가진 미디어를 가리키는 고유명사로 사용하기가 어려워집니다.

뉴미디어는 단순히 새로운 미디어가 아니라, 그동안 사회적으로 중요하게 쓰여 왔던 전통적인 미디어와는 다른, 새로운 속성을 가진 미디어를 뜻합니다. 이때 전통적인 미디어는 신문, 영화, 라디오, 텔레비전과 같은 매스미디어Mass Media를 의미해요. 전통적인 매스미디어 이후에 등장한 뉴미디어

1946년 개발된 세계 최초의 컴퓨터 에니악.
당시로서는 '핫'한 뉴미디어였다.

는 컴퓨터 기술과 디지털 정보 기술을 기반으로 해서 만들어진 미디어입니다. 1950년대부터 본격적으로 개발되기 시작한 컴퓨터 기술과 1980년대에 등장한 인터넷 기술은 뉴미디어를 발전시킨 중요한 기술들이죠. 결국, 전통적인 매스미디어와 뉴미디어를 구분 짓는 차이는 원칙적으로 디지털 정보 기술의 사용이라고 말할 수 있습니다. 우리가 흔히 IT Information Technology 라고 하는 것이죠.

매스미디어로서의 신문은 기사를 종이에 대량으로 인쇄해 많은 사람에게 유포하거나 판매하는 방식으로 존재합니다. 반면, 디지털 정보 기술로 기사를 데이터로 처리한 뒤 웹 사이트를 통해 유통하는 방식의 인터넷 신문은 뉴미디어라고 할 수 있어요. 방송사에서 프로그램을 제작한 뒤에 전파를 이용해 많은 가정에 일방적으로 송출하는 방식의 지상파 텔레비전은 전통적인 미디어입니다. 방송사에서 제작한 프로그램을 디지털 정보 기술을 이용해 데이터로 만들어 시청자가 원할 때 접근할 수 있도록 서비스를 제공하는 IPTV Internet Protocol Television 는 뉴미디어죠.

이처럼 같은 신문과 텔레비전이라고 하더라도 어떤 방식으로 메시지를 저장, 전달, 공유하느냐에 따라 전통적인 미디어가 될 수도 있고, 뉴미디어가 될 수도 있습니다.

전통적인 미디어에 디지털 정보 기술을 접목시켜 새로운 서비스를 제공하는 뉴미디어가 있는가 하면, 과거에는 존재하지 않았

유튜브 채널 〈자이언트 펭TV〉. 전통적인 텔레비전 방송 채널인 EBS에서 제작하지만 뉴미디어 채널인 유튜브를 통해 공개되어 올드미디어 세대와 뉴미디어 세대를 아우르며 사랑받고 있다.

지만 새롭게 발명된 뉴미디어도 있어요. 대표적인 것이 바로 소셜 미디어Social Media 입니다. 한국에서 소셜 미디어는 보통 SNSSocial Network Service라고 불립니다. 페이스북이나 인스타그램 등이 유명하지요. 인터넷을 이용해 자신의 생각, 감정, 일상생활 등을 문자와 영상으로 기록하고 공개함으로써 다른 사람들과 교류하는 미디어라고 할 수 있습니다.

자, 이제 뉴미디어가 무엇인지 좀 이해가 되었나요? 뉴미디어는 컴퓨터 기술과 디지털 정보 기술을 기반으로 해 정보의 처리,

저장, 변형, 유통, 연결, 접근 등을 쉽고 자유롭게 합니다. 그뿐만 아니라, 양방향 상호작용으로 사용자의 적극적이고 능동적인 참여를 보장하는 새로운 커뮤니케이션 미디어라고 할 수 있습니다. 인터넷 신문에서부터 소셜 미디어, 컴퓨터게임에서부터 가상현실 장치에 이르기까지 뉴미디어의 종류는 매우 다양해요. 뉴미디어를 이용하지 않고서는 간단한 일조차 처리하기 힘들 정도로 현대 사회에서 뉴미디어는 일상생활의 필수품이 됐죠. 뉴미디어를 '멀티미디어, 온라인 미디어, 네트워크 미디어, 디지털 미디어, 스마트 미디어'라고 부르기도 합니다.

우리는 뉴미디어 시대에 살고 있다고 할 수 있습니다. 우리가 사용하는 대부분의 미디어는 뉴미디어로 분류될 수 있어요. 굳이 뉴미디어라는 용어를 사용할 필요가 없어 보일 정도로 이제 더 이상 새로운 미디어가 아닌 것처럼 보이죠. 하지만 아직까지는 책, 신문, 영화, 방송 같은 전통적인 미디어가 사회 문화적으로 상당한 영향력을 발휘하고 있습니다. 전통적인 미디어와는 다른 방식으로 작동하는 다양한 뉴미디어 역시 계속 개발되고 동시에 소멸하기도 한다는 점에서, 뉴미디어에 어떤 특성이 있고 우리에게 어떤 영향을 끼치는지 고민하고 논의할 필요가 있습니다. 이런 이유로, 뉴미디어라는 말을 대체할 다른 용어가 등장하기 전까지는 현재 디지털 정보 기술을 기반으로 작동하는 미디어를 뉴미디어라고 부르기로 하겠습니다.

뉴미디어의 역사

뉴미디어라는 용어는 이미 1950년대부터 사용되었습니다. 캐나다 학자인 마셜 매클루언이 텔레비전에 대해 이야기하면서 뉴미디어란 말을 썼어요. 당시에 텔레비전은 전자적인 방식으로 정보를 기록해서 지구 전체에 즉각적으로 전달할 수 있는 새로운 미디어였기 때문에 매클루언은 기존의 미디어와는 다른 뉴미디어라고 주장했던 것이죠. 뉴미디어란 말은 이후에 이따금 사용되다가 1990년대 말에 컴퓨터와 인터넷이 일상적인 기술이 되자 비로소 디지털 정보 기술을 이용한 미디어를 지칭하는 용어로 폭넓게 사용되기 시작했습니다.

뉴미디어라는 말이 처음 등장한 계기를 고려한다면 최초의 뉴미디어는 텔레비전이라고 볼 수 있을 것입니다. 하지만 '정보의 전자적인 기록'과 '지구 전체에 즉각적인 도달'을 본격적으로 구현한 것은 디지털 정보 기술을 이용한 미디어예요. 따라서 최초의 본격적인 뉴미디어는 컴퓨터의 등장에서 찾는 것이 옳다고 볼 수 있습니다.

프로그래밍이 가능한 컴퓨터의 원리는 1936년 영국의 수학자

앨런 튜링이 발표한 논문에 근거하고 있어요. 제2차 세계대전 기간 동안 주로 군사적인 목적을 위해 독일, 영국, 미국 등에서 디지털 컴퓨터들이 개발되었습니다. 초기의 컴퓨터는 크고 비쌌기 때문에 일반인들은 쉽게 이용할 수 없었어요. 1970년대 초에 개인용 컴퓨터Personal Computer, 즉 PC가 개발되면서 비로소 컴퓨터는 일반 대중이 쉽게 접할 수 있는 미디어가 됐죠. 최초의 PC는 1974년 제작된 알테어 8800Altair 8800이라고 알려져 있습니다. 1977년에는 애플의 완성형 PC인 애플 II Apple II가 판매되고 1981년에는 IBM의 PC가 등장하면서 본격적으로 컴퓨터가 일반 가정에 보급되기 시작합니다.

PC가 보급되자 글, 음악, 그림, 사진, 영화, 게임과 같은 다양한 텍스트가 디지털 방식으로 제작, 기록, 저장, 유통되기 시작했어요. 1980년대와 1990년대에는 플로피디스크Floppy Disk, 콤팩트디스크Compact Disk, CD 등과 같은 디지털 저장 매체를 이용해 이런 다양한 텍스

알테어 8800

1990년대를 배경으로 한 영화 〈건축학 개론〉 속 주인공들의 사랑의 매개체는 가수 '전람회'의 노래가 담긴 CD플레이어였다.

트들을 저장하고 유통했습니다. 책, 음악, 영화, 게임 등을 담은 CD를 구매해서 CD플레이어나 PC를 이용해 콘텐츠를 즐기는 것이 당시 사람들의 일상적인 모습이었죠.

인터넷의 발명과 대중화는 뉴미디어의 종류와 사용 영역을 확장시킨 중요한 사건이었습니다. 인터넷은 TCP/IPTransmission Control Protocol/Internet Protocol라는 통신 프로토콜을 이용해 컴퓨터 간에 정보를 주고받는 네트워크 시스템입니다. 컴퓨터 네트워크는 1960년대 초부터 개발되기 시작했어요.

현재 사용되고 있는 TCP/IP 통신 프로토콜은 1973년 개발되었죠. TCP/IP는 미국 국방성이 1969년에 개발해 사용해 오던 아르파넷ARPAnet에 1982년 최초로 도입되었고, 이후 아르파넷이 민간용으로 전환되면서 주로 과학 분야를 중심으로 인터넷이 확장되기 시작했습니다. 1989년부터 인터넷을 상업적으로 이용할 수 있는 서비스가 시작됐고 PC의 보급과 함께 인터넷은 급속도로 대중화되었어요. 한국은 1993년에 처음으로 일반 대중을 위한 인터넷 접속 서비스를 제공했고, 1998년에는 초고속 인터넷 서비스를 시작하면서 세계에서 가장 빠르고 쉽게 인터넷에 접속할 수 있는 국가가 되었습니다.

인터넷이 대중화되기 전에는 국가별로 폐쇄적인 통신 네트워크를 개발해 사용하고 있었어요. 가장 성공적인 사례는 프랑스의 미니텔Minitel입니다. 미니텔은 1980년 프랑스 정부가 개발한 통신 네트워크 서비스로, 미니텔이라고 하는 단말기를 전화망에 연결하면 문자 텍스트와 간단한 그래픽 형태로 정보를 검색하고 채팅을 하거나 상품을 구매할 수 있었어요. 미니텔은 1990년대까지 큰 인기를 누리며 사용되다가 인터넷의 보급으로 점차

최초의 '미니텔' 단말기

사용이 줄어들어 2012년 서비스가 중단되었습니다.

한국에서는 인터넷과 별개로 통신 사업자를 통한 폐쇄적 네트워크를 이용하는 PC 통신이 1990년대에 인기를 끌었어요. 일반적으로는 PC를 이용해 자신이 가입한 통신 서비스 터미널에 접속한 뒤 채팅이나 검색 등의 활동을 하는 방식이었지만 미니텔과 비슷한 고유의 단말기를 이용해 접속할 수도 있었습니다. 하이텔, 나우누리, 유니텔, 천리안 등이 PC 통신 서비스를 제공하는 대표적인 회사였죠.

PC 통신이나 인터넷 보급 초기에는 전화망에 연결된 모뎀을 이용해 서비스에 접속할 수 있었습니다. 전화망을 이용한 정보의 전송 속도는 상당히 느렸기 때문에 대부분의 서비스가 정보량이 많지 않은 문자를 기반으로 하고 있었죠. 당시에는 문자를 이용한 채팅이 큰 인기를 끌었고, 심지어는 머드MUD, Multi User Dungeon 게임도 문자를 이용한 것이었습니다. 입장하거나 이동하거나 공격하는 게임의 모든 활동을 문자 텍스트를 입력하는 방식으로 진행해야 했어요.

타인과의 사적인 통신 영역에서 새로운 시대를 연 뉴미디어는 휴대전화Mobile Phone 입니다. 상업화된 휴대전화는 1980년대부터 사용되기 시작했습니다. 하지만 아날로그 방식이었고 단말기도 무척 컸기 때문에 대중화되지는 않았죠. 1991년에 2세대2G 디지털

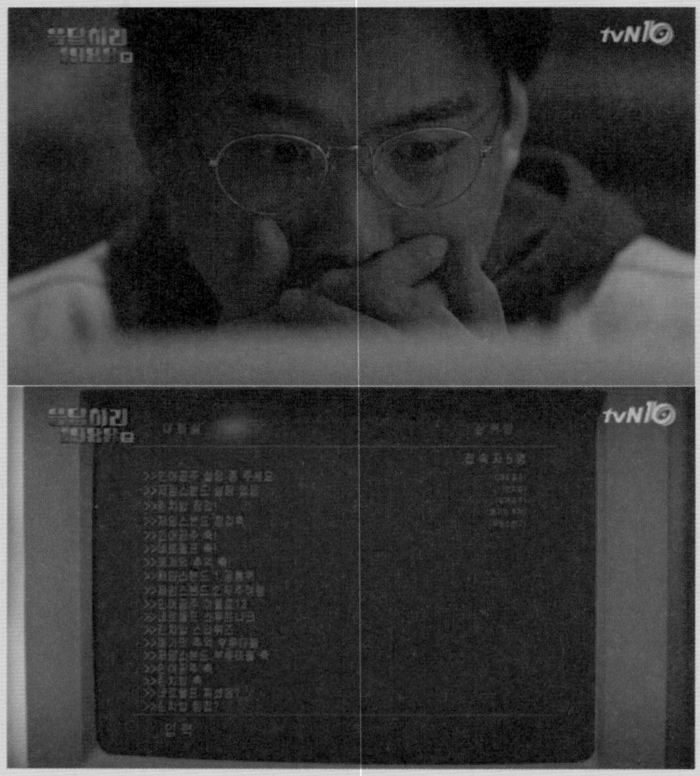

드라마 〈응답하라 1988〉 속 정봉이는 PC 통신 채팅에서 만난 누군가가 자신이 낸 퀴즈를 맞히자 유학 간 옛 여자 친구 만옥이 아닐까 생각하며 '심쿵'한다.

통신 기술이 개발되고, 1996년 모토로라에서 최초의 폴더형 단말기인 스타택StarTAC을 출시하면서 휴대전화는 빠른 속도로 대중화되기 시작했어요. 크게 인기를 끌면서 성장을 거듭하던 휴대전화는 2007년, 최초의 대중화된 스마트폰Smart Phone이라고 할 수 있는 아이폰이 등장하면서 거의 혁명적인 전환기를 맞이합니다. 멀티터치스크린 기술을 기반으로 전화, 인터넷 검색, 영상 촬영과 시청, 음악 청취와 녹음, 텍스트 읽기와 쓰기, 게임, 필요한 애플리케이션 설치 등 다양한 작업을 매우 간단하고 직관적인 방식으로 처리할 수 있는 기능을 제공하는 스마트폰은 곧 현대사회의 필수 개인 기기가 되었죠.

2010년 이후에는 '스마트 미디어'라고 불리는 뉴미디어가 늘어나고 있습니다. 스마트폰, 태블릿 PC, 스마트 TV와 같이 '스마트'Smart라는 형용사가 연결된 장치들이 늘고 있죠. 이런 장치들은 하나의 기기로 통화, 인터넷 검색, 쇼핑, SNS, 영화나 TV 시청, 게임 등 다양한 서비스를 즐길 수 있도록 합니다. 과거에는 하나의 기기로 하나의 서비스만을 이용할 수 있었는데, 스마트 기기를 통해 기계장치의 융합, 서비스의 융합이 효율적으로 구현되고 있는 거예요. 기기와 서비스의 융합은 뉴미디어에서 나타나는 공통된 특성이죠. 기술의 발달로 융합의 정도는 점점 더 커지고 있어요. 예를 들어, 스마트 TV는 텔레비전 수상기를 통해 방송을 수신하

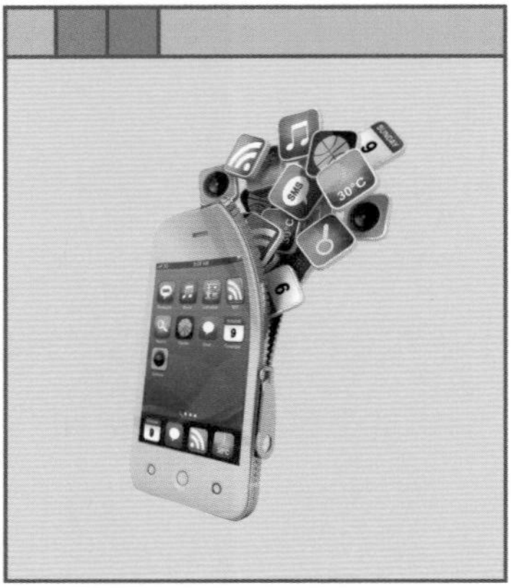

는 것은 물론이고 인터넷에 접속해 정보 검색, 쇼핑을 할 수 있고 유튜브나 넷플릭스 같은 동영상 서비스를 즐길 수도 있습니다.

그런데 기기와 서비스의 단순한 융합만을 보고 스마트하다, 똑똑하다고 말하는 것은 부족함이 있죠. 현재의 스마트 미디어는 빅데이터Big Data나 인공지능Artificial Intelligence, AI을 이용한 지능형 서비스를 제공합니다. 사용자의 서비스 이용 경향을 파악해 개인에게 특화된 서비스를 제안할 뿐만 아니라 사용자와 즉각적으로 상호작용하면서 일상적인 대화까지도 나눌 수 있어요.

페이스북과 같은 소셜 미디어는 사용자에게 적합한 친구나 상품을 추천하기도 하고, 사용자가 과거에 업로드했던 자료들이나 친구들과의 교류를 정리해 별도의 콘텐츠로 만들어 보여 주기도 하죠. 아마존의 '알렉사', 구글의 '나우', 애플의 '시리', 마이크로소프트의 '코타나', 삼성의 '빅스비', SKT의 '누구', KT의 '기가지니', 네이버의 '프렌즈', 카카오의 '뉴톤' 등과 같은 인공지능 기반의 음성인식 비서 서비스는 단순한 명령이나 지시의 수준을 넘어, 사용자와 기기 사이의 대화를 구현하고 있습니다.

뉴미디어의 특성

뉴미디어에는 전통적인 매스미디어와는 다른 특성들이 있습니다. 뉴미디어가 가진 특성들은 디지털 정보 기술과 인터넷 기술 덕분에 만들어졌다고 할 수 있어요. 뉴미디어의 대표적인 특성에는 다음과 같은 것들이 있죠.

첫째, 융합성입니다. 앞에서 말했듯이, 뉴미디어에서는 기기와 서비스의 융합이 두드러지게 나타납니다. 전통적인 매스미디어에서 신문과 방송은 자신만의 고유한 영역을 갖고 서로 엄격히 분리되어 있어요. 두 미디어는 콘텐츠를 제작하고 유통하는 방식이 완전히 다르죠.

신문은 문자와 사진 같은 이미지를 이용해 기사를 만들고, 종이에 인쇄해 집집마다 배포하거나 길거리에서 판매하는 방식으로 운영되는 미디어입니다. 방송은 소리와 동영상을 이용해 프로그램을 만들고, 전파를 이용해 전송한 프로그램을 특수한 단말기로 재생하는 방식으로 운영되는 미디어죠. 모두 방송에 속하는 것으로 분류되지만 라디오와 텔레비전도 서로 명확히 구분되는 다른 미디어입니다. 라디오는 오직 소리만을 수신할 수 있는 라디오 수

신기를 통해 정보와 음악 등을 전달하는 미디어이지만, 텔레비전은 소리뿐만 아니라 영상을 이용해 프로그램을 제작하고 텔레비전 수상기로 전송하는 미디어입니다.

하지만 뉴미디어에는 이런 구분과 분리가 더 이상 존재하지 않아요. 인터넷 신문은 문자와 사진뿐만 아니라 소리와 동영상을 이용해 만든 콘텐츠를 제공합니다. 인터넷으로 제공되는 라디오는 이미 '보이는 라디오'가 된 지 오래죠. 뉴미디어에서는 신문과 방송, 라디오와 텔레비전 사이에 융합이 자연스럽게 일어납니다. 또한 콘텐츠를 즐기는 데 사용하는 기기도 더 이상 구분되지 않습니다. 하나의 스마트폰으로 신문을 읽을 수도 있고, 라디오와 텔레비전을 즐길 수도 있습니다. 하나의 텔레비전 수상기를 통해 텔레비전 프로그램과 VODVideo on Demand를 시청하고, 쇼핑과 인터넷 검색을 할 수도 있죠.

둘째, 네트워크성입니다. 뉴미디어는 기본적으로 네트워크로 연결된 상태에서 이용됩니다. 뉴미디어 이용자들은 공동의 네트워크 안에서 일대일, 1 대 소수, 1 대 다수, 소수 대 소수, 다수 대 다수 등 다양한 방식으로 소통하면서 가상의 공동체 사회를 구성하기도 하죠. 이를 통해 뉴미디어는 이용자에게 '연결된 현존감'Connected Presence을 제공해요. 이용자가 어디에 있든 뉴미디어를 이용하는 동안에는 다른 사람들과 연결된 공동의 공간 안에 존재한다고 느낄 수 있는 것이죠. 소셜 미디어는 뉴미디어의 네트워크성이 가장 잘 드러나는 미디어라고 할 수 있습니다.

셋째, 이동성입니다. 전통적인 매스미디어는 대부분 공간적으로 고정된 방식으로 이용됩니다. 특히 영화나 텔레비전 같은 미디어는 시청할 수 있는 장소가 고정되어 있어요. 책이나 신문 같은 인쇄미디어와 라디오 정도의 미디어만이 이동 중에도 즐길 수 있을 뿐이죠. 하지만 뉴미디어는 공간 이동의 제약이 없습니다. 네트워크에 접속할 수 있는 기기만 있다면 시간과 장소에 구애받지 않고 뉴미디어가 제공하는 콘텐츠를 즐길 수 있어요. 디지털 위성방송이나 인터넷 신문, VOD는 달리는 자동차 안에서도 즐길 수 있습니다. 스마트폰처럼 휴대하기 쉬운 기기를 갖고 있다면 걸어 다니면서도 뉴미디어 콘텐츠를 이용할 수 있죠.

넷째, 상호작용성입니다. 전통적인 매스미디어는 콘텐츠를 대중에게 일방적으로 전달하고 송신하는 방식으로 운영됩니다. 전통적인 신문이나 텔레비전 프로그램을 보는 경우에서 나타나듯이, 대중은 매스미디어가 제작한 콘텐츠를 정해진 시간에 받아 볼 수 있을 뿐 즉각적으로 반응하기는 어렵습니다.

하지만 뉴미디어를 이용하는 경우에는 이용자가 즉각적으로 콘텐츠에 대한 반응을 전달할 수 있죠. 이용자는 스스로 콘텐츠를 찾아서 소비하고 댓글을 달거나 '좋아요'를 누르고 조회 수를 높이는 방식으로 뉴미디어와 상호작용합니다. 댓글 자체가 콘텐츠의 일부가 될 수 있을 뿐만 아니라, 블로그나 게시판에 올리는 의견도 콘텐츠가 됩니다. 좀 더 적극적인 이용자는 유튜브 채널을 운영하면서 콘텐츠를 직접 제작하기도 하죠. 뉴미디어 이용자는 수동적인 소비자로 머무는 것이 아니라, 다양한 상호작용 속에서 콘텐츠를 만들기도 하는 '생비자'Prosumer로 활동합니다. 생비자는 생산자Producer와 소비자Consumer의 합성어로 뉴미디어 이용자의 능동적인 특성을 잘 보여 주는 단어죠.

다섯째, 비동시성입니다. 전통적인 매스미디어가 제작한 콘텐

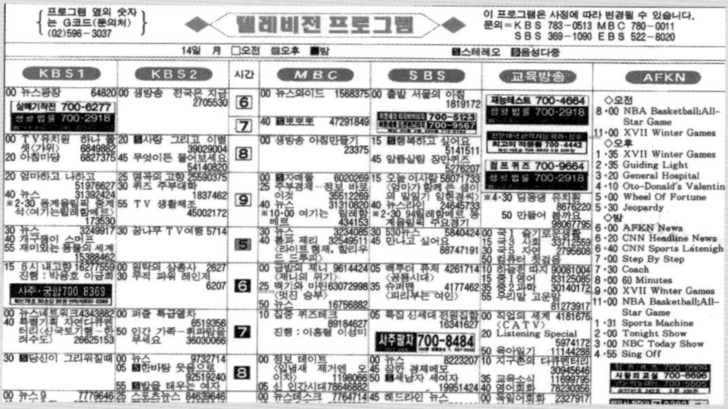

{ 프로그램 옆의 숫자는 G코드(문의처) (02)596-3037 }

◆ 텔레비전 프로그램 ◆

이 프로그램은 사정에 따라 변경될 수 있습니다.
문의=KBS 783-0513 MBC 780-0011
SBS 369-1090 EBS 522-8020

14일 月 □오전 ▨오후 ■밤 S스테레오 음음성다중

KBS1	KBS2	시간	MBC	SBS	교육방송	AFKN
00 뉴스광장 64820 살빼기작전 700-6277 생활법률 700-2918	00 생방송 전국은 지금 2705530	6	00 뉴스와이드 1568375	00 출발 서울의 아침 1819172 700-5123 700-9567	재능테스트 700-4664 생활법률 700-2918	◇오전 8·00 NBA Basketball;All-Star Game 11·00 XVII Winter Games
		7	40 S뽀뽀뽀 47291849			
00 TV유치원 하나 둘 셋〈가위〉 6849882 20 아침마당 6827375	20 S사랑 그리고 이별 39029004 45 무엇이든 물어보세요 54140820	8	00 생방송 아침만들기 23375	15 S행복하고 싶어요 5141511 45 알뜰살림 장만퀴즈 5276207	최고의 직종 700-4442 점프퀴즈 700-9664 생활법률 700-2918	◇오후 1·35 XVII Winter Games 2·35 Guiding Light
20 엄마하고 나하고 51976627 40 뉴스 31392424 ※2·30 동계올림픽 중계석〈여기는릴레함메르〉 173530	25 명곡의 고향 25590375 30 퀴즈 주부대학 1837462 55 TV 생활체조 45002172	9	00 S자매들 6020269 25 주부경제-정보 바로 이것 35512269 40 뉴스 31310820 ※10·00 여기는 릴레함메르 434153	15 오늘 이사람 58071733 〈엄마가 함께 쓴 샘이의 말일기 임현경씨〉 40 뉴스라인 24645733 ※2·30 94릴레함메르 동계올림픽 주요경기	※4·30 딩동댕 유치원 8676220 50 만들어 볼까요 98067795	3·20 General Hospital 4·10 Oto-Donald's Valentin 5·00 Wheel Of Fortune 5·30 Jeopardy ◇밤
30 뉴스 3249917 40 개구쟁이 스머프 55 재미있는 동물의 세계 15388462	30 꿈나무 TV여행 5714	5	30 뉴스 3234085 40 톰과 제리 32549511 〈라이트 형제, 할리우드 드루피〉	30 530뉴스 5840424 45 만나고 싶어요 88747191	00 국1 슬기로운생활 15 국3 사회 33712559 30 국5 자연 2795608 50 컴퓨터 첫걸음	6·00 AFKN News 6·20 CNN Headline News 6·40 CNN Sports Latenigh 7·00 Step By Step
15 6시 내고향 16277559 진행: 박용호 이금희 사주·궁합700 8369	00 원탁의 삼총사 2627 30 무적 파워 레인저 6207	6	00 금발의 제니 9614424 〈제니의 위기〉 25 맥기와 마틴 63072998 〈멋진 승부〉 50 뉴스 16756882	05 백투더 퓨처 4261714 〈공룡시대〉 35 슈퍼맨 4177462 〈피리부는 여인〉	10 하늘천 따지 90081004 15 중1영어 83125085 35 중2과학 30140172 55 우리말 고운말 81273917	7·30 Coach 8·00 60 Minutes 9·00 XVII Winter Games 11·00 NBA Basketball;All-Star Game
00 뉴스네트워크4343882 40 특별기획 자연다큐멘터리〈신국토기행-한려수도〉 26625153	00 퍼즐 특급열차 6519356 50 인간 가족-휘파람을 부세요 36030066	7	10 집중 퀴즈테크 89184627 진행: 이홍렬 이성미	05 특집 신세대 전원집합 16341627 사주팔자 700-8484	00 직업의 세계 4181676 〈CATV〉 20 Listening Special 5974172 50 육아일기 11144288	1·31 Sports Machine 2·00 Tonight Show 3·00 NBC Today Show 4·55 Sing Off
30 S당신이 그리워질때	00 뉴스 9732714 05 S한바탕 웃음으로 92519240 55 S밤을 태우는 여자	8	00 정보 데이트〈잉꼬새 제거엔 오이차〉 1198066 05 신 인간시대 78646882	00 뉴스 8223207 45 잠깐 경제메모 50 S새남자 새여자 19951424	10 지구촌의 다큐멘터리 30945646 35 교육소식 11699795 40 영어회화 78230356	사랑의 교실 700-6696
00 뉴스9 7779646	25 스포츠뉴스 84639646		00 뉴스데스크 7764714	45 헤드라인 뉴스	00 독일어회화 2327917	

텔레비전 프로그램 편성표. 종이 신문에는 각 방송 매체에서 방영하는 프로그램의 시간표가 실렸고, 사람들은 특정 프로그램을 보기 위해 시간에 맞춰 귀가하곤 했다.

츠는 많은 대중이 동일한 시간에 즐기는 방식으로 소비됩니다. 신문이나 잡지가 발행되는 시간, 또 라디오나 텔레비전의 프로그램이 방송되는 시간이 정해져 있죠. 매스미디어가 정해 놓은 시간대에 모든 사람이 동시에 콘텐츠를 소비해야 합니다. 이런 이유로 매스미디어를 이용하는 사람들은 동일한 시간에 동일한 경험을 하게 됩니다.

하지만 뉴미디어는 완전히 다른 방식으로 이용됩니다. 뉴미디어의 경우에는 콘텐츠의 발행 시간이나 방송 시간이 고정되어 있지 않아요. 뉴미디어 이용자는 자신이 편한 시간에 언제든지 데이터베이스에 접속해 필요한 콘텐츠를 이용할 수 있습니다. 보고 싶은 영화를 필요할 때 주문해서 보는 VOD와 같은 주문형 서비스 덕분에 모든 사람이 같은 시간에 드라마를 시청할 필요가 없게 됐죠. 유튜브 같은 동영상 공유 서비스의 경우에도 이용자마다 다른 시간에 다른 콘텐츠를 즐길 수 있습니다.

여섯째, 개별성입니다. 앞에서 살펴봤듯이, 전통적인 매스미디어의 콘텐츠는 고정된 장소에서 같은 시간대에 대량으로 소비된다는 특성이 있어요. 이와 반대로 뉴미디어의 콘텐츠는 이용자 개인에 따라 특화된 방식으로 이용되고 소비되는 특성을 보여 줍니다. 개인의 성性이나 나이, 인종, 직업, 취향, 생각 등에 따라 주로 이용하는 뉴미디어와 소비하는 콘텐츠, 뉴미디어 기기를 관리하는 방식 등이 달라집니다.

비슷한 소셜 미디어라고 해도 페이스북 이용자와 인스타그램 이

용자 사이에는 다른 사회적 특성이 있고, 소셜 미디어를 이용하는 동기와 목적이 다르며, 소셜 미디어 이용 방식에서도 차이를 보입니다. 이용자가 자신의 개별성과 고유성을 추구하는 방식으로 뉴미디어를 이용하기 때문에 뉴미디어 콘텐츠에 있어서도 다양성과 전문성이 나타나죠. 예를 들어, 유튜브는 전문성을 가진 매우 다양한 채널들로 구성되어 있습니다.

2. 종류도 다양하지, 뉴미디어

대량 배급 뉴미디어

현재 우리가 사용하는 뉴미디어의 종류는 매우 많습니다. 디지털 정보 기술은 계속 발달하고 있기 때문에 그동안 사용해 오던 뉴미디어가 사라지기도 하고 새로운 것이 등장하기도 합니다. 예를 들어, 1990년대부터 2000년대 초까지 크게 인기를 끌던 PC 통신은 사라진 대신에 유튜브와 같은 1인 미디어 플랫폼이 엄청나게 큰 사회적 관심을 받고 있죠. 우리가 뉴미디어라고 부를 수 있는 것의 종류는 매우 다양한데 먼저 기존의 매스미디어에서 발전한 뉴미디어에 대해 알아보죠.

매스미디어가 콘텐츠의 제작, 배급, 유통을 위해 디지털 정보 기술을 도입하는 과정에서 개발된 다양한 뉴미디어가 있습니다. 인터넷 신문이나 웹진Webzine처럼 인터넷 상용화 초기에 개발된 뉴미디어에서부터 디지털 위성방송, IPTV, OTTOver the Top, N스크린N-Screen과 같은 뉴미디어가 대표적이죠. 이것들은 모두 전문적인 콘텐츠 제작사가 대중에게 판매 및 유통할 목적으로 만든 기사, 뉴스, 드라마, 영화 등과 같은 콘텐츠를 대량으로 배급하는 뉴미디어입니다.

◀ 2001년 창간한 인터넷 신문 「프레시안」

2013년 창간한 문화 전문 웹진 『아이즈』 ▶

인터넷 신문은 예전부터 있던 신문과 같은 역할을 하는 뉴미디어를 말하는데, 기사를 종이에 인쇄해 발행하는 형태가 아니라 웹 사이트를 통해 제공하는 방식의 신문입니다. 기존의 신문사에서 웹 사이트를 만들어 인터넷 신문을 운영할 수도 있고, 처음부터 웹 사이트를 통해서만 기사를 제공하는 인터넷 신문사를 설립할 수도 있습니다.

웹진은 인터넷을 의미하는 웹Web과 잡지를 의미하는 매거진Magazine의 합성어로, 인터넷으로 발행되는 잡지를 말합니다. 다양한 분야의 기사를 제공하는 인터넷 신문과는 달리 웹진은 대개 게임, 문학, 음악, 만화, 영화 등 특정한 분야의 기사를 전문적으로 다룬다는 특징이 있죠. 인터넷 신문과 웹진은 인터넷이 상용화된 1990년대 중반부터 등장한 뉴미디어로, 초기에 등장한 뉴미디어 중 하나라고 할 수 있습니다.

텔레비전 방송의 경우 초기에는 케이블과 위성을 이용해 프로그램을 전송하는 방식의 뉴미디어가 이용됐어요. 디지털 종합유선방송, 디지털 위성방송이 1990년대 중반부터 운영되기 시작했죠. 이들은 채널의 수가 한정된 지상파 텔레비전과는 달리, 많은 채널을 운영하면서 다양한 콘텐츠를 제공할 수 있다는 장점이 있어요. 유선방송이나 위성방송에 가입한 시청자는 스포츠, 영화, 홈쇼핑, 음악, 종교 등의 내용을 전문적으로 다루는 채널들을 골라 즐길 수 있습니다.

1990년대 음악 채널 〈Mnet〉의 1세대 VJ로 활약한 최할리(왼쪽)와 김형규(오른쪽)

한편, 대량의 데이터를 빠르게 전송할 수 있는 초고속 인터넷이 일반화되면서 인터넷을 통해 텔레비전 콘텐츠를 전송하는 뉴미디어가 등장했어요. IPTV, OTT, N스크린 등이 대표적입니다. IPTV는 보통 인터넷 TV라고 불리는데, 2000년대 중반에 등장했습니다. 지상파 텔레비전 프로그램을 실시간으로 전송할 뿐만 아니라, 데이터베이스에 저장된 다양한 프로그램을 주문해서 시청할 수 있는 VOD 서비스와 홈쇼핑 서비스 등을 제공해요. 최근에는 인터넷에 접속해 정보를 검색하거나 유튜브 같은 웹 사이트의 콘텐츠를 즐길 수 있는 서비스도 제공하고 있죠.

유선방송, 위성방송, IPTV 등은 모두 셋톱 박스를 통해 접속해야 하는 서비스입니다. OTT는 셋톱 박스를 넘어Over the Top 특정한 셋톱 박스에 구애받지 않고 인터넷에 접속만 된다면 다양한 콘텐츠를 즐길 수 있는 서비스를 의미하죠. OTT는 2010년대부터 본격적으로 서비스를 시작했어요. 미국에서 사업을 시작한 넷플릭스가 현재 세계시장을 지배하는 강력한 OTT 서비스 회사로 군림하고 있습니다.

N스크린은 여러N 개의 화면Screen 으로 하나의 콘텐츠를 본다는 의미입니다. 글자 그대로 동일한 콘텐츠를 시간과 장소에 구애받지 않고 PC, TV, 휴대전화 등 다양한 단말기로 끊김 없이 자유롭게 즐길 수 있는 서비스죠.

게임 미디어

미국 비디오게임 회사인 아타리에서 1972년에 개발한 '퐁'

게임 분야는 디지털 정보 기술로 인해 가장 빠르게 발달하고 있으며, 특히 청소년에게 큰 관심과 인기를 얻고 있습니다. 최초의 상업용 비디오게임은 미국 게임 회사인 아타리Atari 에서 1972년 개발한 '퐁'Pong 입니다. 콘솔을 모니터에 연결해 화면에 나타난 공을 화면 양쪽에 있는 막대로 쳐 내는 일종의 탁

미국 컴퓨터역사박물관이 선정한 '전 세계에 지대한 영향을 끼친 소프트웨어' 7개 중 유일하게 게임으로 이름을 올린 〈월드 오브 워크래프트〉. 2004년 북미 서비스를 시작으로 세계적인 인기를 끌었으며, 2019년 클래식 버전이 다시 한번 발매되어 유저들의 사랑을 받고 있다.

구 게임이었어요. 1980년대에는 다양한 비디오게임들이 개발되고 인기를 끌었습니다. 대부분 아케이드 비디오게임으로, 전용 게임 기기가 설치된 오락실에서 즐기던 것이었죠.

1980년대 중반에는 게임용 콘솔을 텔레비전 모니터에 연결해 사용하는 가정용 게임기가 개발되기 시작했습니다. 또한 PC가 대중화되면서 PC용 게임도 등장했죠. 1990년대 말 이후 PC가 발달하고 인터넷의 속도가 빨라지자 네트워크 게임이 디지털 게임의 주류를 차지합니다. PC 통신 시절에는 문자 텍스트 기반의 머드 게임을 즐겼지만, 곧 MMORPGMassive Multiplayer Online Role Playing Game가 등장해 세계적으로 폭발적인 인기를 끌고 다양한 종류의 네트워크 게임들이 개발되면서 프로게이머들이 경기하는 e스포츠로 발전합니다.

현재 디지털 게임은 플레이스테이션, 엑스박스, 닌텐도 스위치 등의 콘솔 박스를 이용한 콘솔 게임, PC를 이용한 PC 게임, 스마트폰이나 태블릿 PC를 이용한 모바일 게임 등으로 나뉩니다. 이 게임들은 모두 이용자 혼자 폐쇄된 방식으로 즐기기보다는 인터넷에 접속해 여러 이용자들과 상호작용하면서 즐길 수 있다는 특성이 있죠.

디지털 게임은 또한 가상현실이나 증강현실 장치와 결합하는 경향을 보이고 있어요. 가상현실Virtual Reality, VR은 컴퓨터로 만들어진 영상인 CGIComputer Generated Imagery로 구현되는 세계로, 실제로 존재하지는 않지만 마치 현실 세계처럼 이용자의 움직임에 반응하기 때문에 이용자가 현실과 유사한 체험을 할 수 있는 시뮬레이션 미디어입니다. 2015년 이후 스마트폰을 이용해 VR을 체험할 수 있는 장치들이 개발되면서 VR은 일상적으로 쉽게 즐길 수 있는 게임 미디어가 됐죠.

증강현실Augmented Reality, AR은 현실을 보여 주는 영상과 가상 세

2016년 출시된 스마트폰용 AR 게임 〈포켓몬 고〉의 실행 화면. 당시 폭발적인 반응에 따른 서버 다운을 우려해 국가별로 시차를 두고 출시할 정도로 큰 관심을 받았다.

계를 보여 주는 CGI를 결합함으로써 현실 세계 안에서 가상의 영상을 경험할 수 있는 장치입니다. 현실의 도로를 촬영한 카메라 영상 위에 다양한 도로 정보를 나타내는 CGI를 결합해 보여 주는 자동차 내비게이션이나, 공룡의 발자국이 남아 있는 땅을 스마트폰 화면을 통해 보면 그 장소를 걸어갔을 공룡의 모습이 CGI로 구현되는 것 등이 AR의 대표적 사례라고 할 수 있습니다.

2016년 출시된 〈포켓몬 고Pokemon GO〉는 현실 세계 안에서 가상의 포켓몬을 찾아내고 다른 포켓몬과 대결할 수 있는 AR 게임으로 큰 인기를 끌었는데요, 포켓몬을 잡기 위해 많은 사람이 포켓몬이 자주 나타난다고 알려진 장소에 몰려들거나 주변을 살피지 않고 걷다가 사고를 당하기도 하는 등 사회적으로 여러 문제가 발생하기도 했죠.

1인 미디어

개인이 직접 기획, 진행, 촬영, 제작, 편집을 한 콘텐츠를 대중에게 제공하고, 나아가 경제적 수익까지도 얻을 수 있는 인터넷 기반 서비스를 1인 미디어라고 합니다. 개인 홈페이지, 블로그 등이 1인 미디어의 초기 형태죠.

개인 홈페이지는 개인이 자신만의 웹 사이트를 만들어 운영하는 것을 말합니다. 인터넷이 대중화되기 시작한 1990년대 후반부터 사람들 사이에 개인 웹 사이트 제작과 운영이 유행하기 시작했어요. 처음에는 웹 사이트를 제작하기 위해 HTML 언어를 직접 배워 사용해야 했기 때문에 진입 장벽이 높았지만, 곧 손쉽게 웹 사이트를 만들 수 있는 프로그램들이 배포되면서 누구나 조금만 공을 들이면 자신의 홈페이지를 가질 수 있게 되었습니다. 하지만 개인 홈페이지를 꾸준히 관리하고 유지하는 것은 상당한 시간과

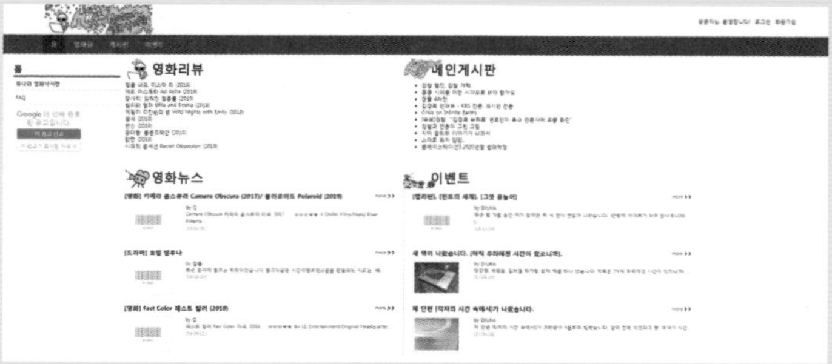

개인 홈페이지 〈듀나의 영화 낙서판〉. SF 소설가이자 영화와 소설 등을 평론하며 '장르 세계의 원로'로 꼽히는 듀나는 20년 넘게 홈페이지를 활발히 운영하고 있다.

노력이 필요한 일이었을 뿐만 아니라, 개인 홈페이지들을 연결함으로써 검색과 방문 등을 용이하게 할 네트워크도 없었기 때문에 성공적으로 개인 홈페이지를 운영하는 사람은 드물었죠.

인터넷에서 개인 미디어를 운영하고 싶지만 웹 사이트를 제작하고 운영하는 데 드는 시간과 노력을 부담스러워하는 사람들이 늘자 2000년대 초반에 간편하게 1인 미디어를 운영할 수 있는 서비스인 블로그가 등장합니다. 블로그Blog는 웹Web과 로그Log의 합성어로, 자신의 생각이나 의견을 일기처럼 기록해 공개할 수 있는 웹 페이지입니다.

최초의 블로그는 1994년 미국에서 시작되었고, 2000년대에 들어와 포털 사이트 등에서 가입자를 위해 블로그를 개설할 수 있는 서비스를 제공하면서 대중화되기 시작했어요. 한국에서는 2002년 최초의 블로그 서비스가 시작됐고 2003년부터 네이버, 다음 등의 포털 사이트에서 블로그 서비스를 시작하면서 대중화됐죠. 초기 블로그에서는 주로 문자 텍스트 위주로 내용이 구성되었지만 디지털카메라가 대중화되고 휴대전화의 카메라 성능이 향상되면서 사진을 이용한 블로그가 증가했습니다.

블로그를 운영하는 사람을 블로거Blogger라고 한다는 건 잘 알고 있죠? 2010년 이후로는 동영상을 이용한 콘텐츠를 제공하는 비디오 블로그가 점차 증가하고 있습니다.

흔히 브이로그Vlog라고 하는 비디오 블로그가 인기를 끌면서 동영상 공유 서비스를 제공하는 사이트들이 큰 상업적 성공을 거두기 시작했고, 이들 전문 사이트를 중심으로 1인 미디어 시장이 급성장하고 있어요. 1인 미디어의 동영상 공유 사이트 중에서 가장 유명한 것이 바로 유튜브입니다.

유튜브는 1인 미디어 서비스를 제공하는 업체 중에서 현재 세계적으로 영향력이 가장 큰 기업입니다. 유튜브는 누구나 쉽게 비디오 영상을 공유할 수 있는 서비스를 제공할 목적으로 2005년에 설립되었는데, 2006년 구글에서 인수하고 2007년부터 국가별 현지화 서비스를 제공하면서 알려지기 시작했어요. 2008년에 한국어 서비스를 시작했고, 현재는 상상 가능한 거의 모든 종류의 콘텐츠를 제공하는 수많은 채널이 운영되고 있습니다.

유튜브에 개인 채널을 개설하고 동영상 콘텐츠를 제작, 방송하는 1인 미디어 사업자를 '유튜브 크리에이터'라고 하죠. 아마 여러분 가운데도 유튜브 크리에이터가 있을 거예요. 유튜브 채널은 이론적으로 인터넷에 접속하는 세계의 모든 사람을 잠정적 시청자로 두고 있기 때문에 엄청난 성장 가능성과 사회적 영향력을 갖고 있습니다.

10대와 20대의 젊은 세대는 텔레비전 프로그램보다 유튜브에서 1인 미디어 채널을 시청하는 것을 선호합니다. 노년층에서도 유튜브 시청자가 증가하고 있어요. 이들에게 유명한 유튜브 크리에이터는 할리우드 스타와 비교될 정도로 인기가 있죠. 유튜브 크리에이터는 연예 기획사가 인위적으로 만들어 낸 스타가 아니라, 유튜브에 올라온 동영상을 보고 '구독'과 '좋아요'를 누른 이용자들이 만들어 낸 스타입니다.

유튜브에서는 전통적인 매스미디어를 통해서는 잘 드러나지

성 소수자 관련 유튜브 채널 〈큐플래닛〉은 '새로운 무지개가 떠오를 그곳'이라는 캐치프레이즈를 내걸고 있다.

유튜브 채널 〈닷페이스〉는 "아직 제대로 목소리를 내고 있지 못한 마이너리티(소수자)의 이야기를 전한다."고 소개한다.

않는 소수의 목소리, 언더그라운드 하위문화, 마니아 취향이 주요한 콘텐츠도 자리를 잡고 인기를 누릴 수 있습니다.

한국에서는 사실 2006년에 서비스를 시작한 아프리카 TV가 유튜브보다 먼저 대중적 인기를 끌었어요. 아프리카 TV는 이용자가 제작자, 진행자, 해설자, 성우 등이 될 수 있는 UGCUser Generated Contents 인터넷 방송 플랫폼입니다. 방송을 진행하는 1인 미디어 사업자를 BJBroadcasting Jockey라고 부르죠. 생방송을 중심으로 운영되는 아프리카 TV의 채널은 BJ와 시청자가 실시간 채팅을 통해 친밀한 관계를 형성하는 특징을 보입니다. 이런 관계는 이른바 '별풍선' 제도로 가시화되었습니다. 인기 있는 BJ는 억대의 별풍선 수입을 얻기도 하죠.

소셜 미디어

소셜 미디어는 소셜 네트워킹 서비스Social Networking Service, SNS에 가입한 이용자들이 서로 관계를 맺을 수 있도록 도와주고, 그 관계망 안에서 정보, 의견, 감정 등을 교환하고 공유할 수 있게 하는 인터넷 플랫폼을 의미합니다. 초기 형태의 소셜 미디어에는 포털 사이트에서 제공하는 동호회나 포럼 서비스가 있어요. 한국에서는 '커뮤니티', '카페', '클럽' 등의 이름으로 제공되고 있는 서비스죠. 앞에서 설명한 블로그도 친구나 이웃 맺기 기능을 제공한다는 점에서 소셜 미디어의 하나라고도 볼 수 있어요. 일반적으로 소셜 미디어는 개인이 자신의 계정을 유지하면서 다른 사람들과 관계망을 구성하는 방식으로 운영됩니다.

초기 소셜 미디어 중에서 한국에서 큰 인기를 끌었던 것으로 개인의 미니홈피를 중심으로 관계망을 만드는 방식으로 운영된 싸이월드가 있어요. 1999년 설립된 싸이월드는 간단한 개인 홈페이지인 미니홈피 서비스를 제공하고, 미니홈피를 기반으로 다른 사람들과 친구를 맺고 서로 방문하거나 선물을 줄 수 있도록 함으로써 큰 성공을 거두었죠. 이와 유사한 예로 2003년 미국에서 설립되어 크게 성공했던 마이스페이스가 있습니다.

싸이월드와 마이스페이스 같은 초기의 소셜 미디어는 2004년 설립된 페이스북, 2006년 등장한 트위터 등과 같은 새로운 형식의 소셜 미디어에 의해 점차 대

싸이월드의 미니홈피 화면. 캐릭터의 모습, 배경음악, 미니룸의 구성 등을 사용자가 선택해 바꿀 수 있다.

체되었습니다. 현재는 페이스북과 2010년 서비스를 시작한 인스타그램이 가장 대중적인 소셜 미디어 플랫폼으로 자리 잡고 있죠. 최근의 소셜 미디어는 문자, 사진, 동영상을 통해 이용자의 생각과 감정을 표현하고 일상생활을 기록할 뿐만 아니라, 연락을 주고받는 메신저 기능을 제공하고 뉴스, 생활 정보, 광고는 물론 오락거리도 제공하는 종합 미디어로 발전하고 있습니다.

생활 미디어

사람들의 일상생활을 편리하고 풍요롭게 만드는 데 기여하는 뉴미디어도 있어요. 대표적인 것이 인스턴트 메신저입니다. 사람들이 인터넷을 통해 실시간으로 커뮤니케이션을 할 수 있도록 하는 미디어죠. 한국에서는 카카오톡이 가장 널리 사용되고 있는 인스턴트 메신저입니다.

인터넷의 발달 초기에 가장 주목받았던 인스턴트 메신저는 인터넷 전화였어요. VoIPVoice over Internet Protocol 기술을 이용한 인터넷 전화는 무료이거나 매우 저렴한 비용으로 인터넷이 연결된 곳이라면 세계 어디든 음성 통화는 물론 화상 통화 서비스를 이용할 수 있다는 점에서 큰 주목을 받았습니다.

인터넷 전화 서비스를 제공하는 대표적인 플랫폼으로는 스카이프가 있습니다. 2003년 서비스를 시작한 스카이프는 PC의 윈도즈 운영체제에 기본으로 탑재될 정도로 대중화되었죠.

현재는 카카오톡 같은 모바일 메신저는 물론 페이스북 같은 소셜 미디어에서도 메신저 서비스를 통해 문자 채팅, 음성 통화, 영상 통화를 제공하고 있어서 인터넷에 접속한 이용자라면 언제 어디에서나 지인들과 편하게 실시간으로 커뮤니케이션을 할 수 있습니다.

사람들 사이의 커뮤니케이션뿐만 아니라 사람과 사물, 사물과 사물 사이의 커뮤니케이션도 가능하게 해 주는 사물 인터넷Internet of Things, IoT 서비스도 우리의 일상생활을 편리하게 해 주는 뉴미디어입니다. 사물 인터넷은 자동차의 자율 주행에서부터 가정의 전기, 가스, 수도와 관련한 일상적 기기의 원격 제어 작동에 이르기까지 다양한 서비스를 포함하고 있어요.

사물 인터넷이 아직은 널리 사용되고 있지 않지만 관련 기술들이 빠른 속도로 개발되고 있어 가까운 미래에 대중화될 것으로 보입니다.

특히 사물 인터넷은 인공지능과 결합해서 이용자가 내리는 명령을 사물이 단순히 수행하는 수준을 넘어서서, 사물이 이용자의 행동을 이해하고 예측해서 스스로 적절한 임무를 수행하는 것을 지향하고 있어요.

2부

뉴미디어는 어떻게 이용될까?

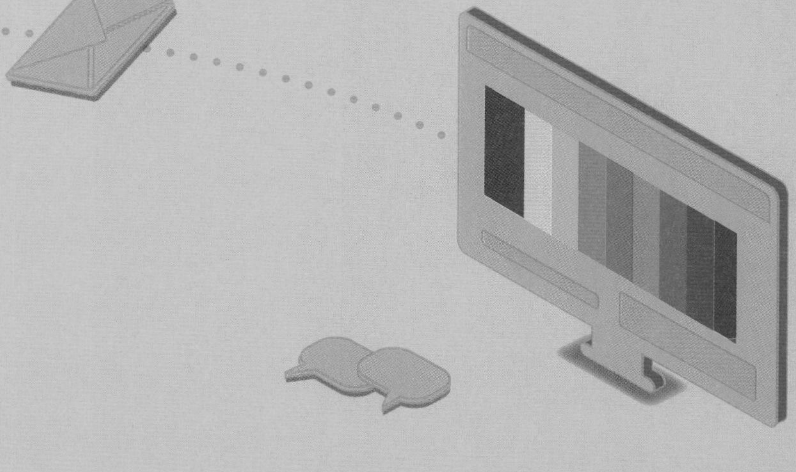

1. '나'를 보여 드립니다

뉴미디어와 자아 개념

뉴미디어는 집단적으로 소비되기보다는 개인화되고 개별적인 방식으로 쓰입니다. 사용자는 시간과 공간에 구애받지 않고 개인 소유의 디지털 기기로 자신이 원하는 콘텐츠를 자유롭게 개별적으로 이용하죠. 매스미디어의 콘텐츠는 정해진 시간에 특정한 공간에서 집단적으로 소비되기 때문에 매스미디어가 사람들에게 끼치는 영향에 대한 논의도 대부분 어떤 내용을 대중에게 전달하는지에 집중되어 있었습니다. 영화의 내용이 선정적이라든가, 텔레비전 드라마가 폭력적이라든가 하는 점들이 문제로 지적되곤 하죠.

그런데 뉴미디어의 경우에는 콘텐츠에 어떤 속성이 있는지보다는 개인이 뉴미디어를 얼마나 오래 어떤 방식으로 이용하는지가 더 중요한 문제로 취급됩니다. 요즘 많은 사람이 이야기하고 있는 '게임 중독'이나 '스마트폰 중독' 같은 말은 콘텐츠의 속성이 아니라, 뉴미디어의 이용 자체를 문제 삼는 것입니다.

이처럼 뉴미디어의 이용 자체가 관심의 대상이 되는 것은, 뉴미디어가 주로 개별적인 방식으로 이용되는 개인 미디어로 기능하면서 세상과 자신을 바라보는 인지 활동에 영향을 끼치기 때문이에요. 자아 개념의 형성과 사회적 관계 맺기 과정에 깊이 개입하는 것이죠.

뉴미디어는 문자, 소리, 영상, 터치스크린 등 멀티미디어를 이용해 콘텐츠를 제공합니다. 이용자는 시각, 청각, 촉각 등 다양한 감각을 동시에 사용하면서 뉴미디어 콘텐츠를 즐기죠. 눈으로는 문자나 영상을 보면서 귀로는 소리를 듣고, 손으로는 터치스크린을 조작하거나 마우스와 콘솔 등을 움직입니다. 가상현실 콘텐츠를 이용할 때는 온몸을 사용하면서 움직이기도 하죠. 또 성격이 다른 미디어와 콘텐츠를 동시에 이용하는 멀티태스킹Multitasking 활동을 하는 경우도 많아요. 동영상을 보면서 메신저로 대화를 나누거나 게임을 하면서 채팅을 하는 것은 일상적으로 일어나는 일입니다.

이처럼 과다한 정보를 동시에 처리해야 하기 때문에 뉴미디어 이용자는 주어진 정보를 깊이 분석하고 이해하기보다는 그저 감각에 주어지는 자극들을 즐기고 마는 경우가 많아요. 특히 청소년의 경우에 스마트폰을 많이 사용하면 뇌에서 사고력, 기억력, 창의력과 관계가 깊은 전두엽이 잘 발달하지 못하는 문제가 생길 수 있다고 합니다.

이렇게 인간의 지각 및 인지 능력에 영향을 끼치는 뉴미디어는 자아 개념 형성에도 관여할 수 있어요. 인간의 자아 개념은 타인과의 관계 속에서 형성됩니다. 프랑스의 정신분석학자 자크 라캉은 인간이 유아일 때 거울에 비친 자기 모습을 보면서 자아 개

념을 형성하게 된다고 주장합니다. 이때 아이와 함께 거울을 보는 부모가 거울을 가리키면서 "이것이 너야."라고 말하는 것을 들으며 아이는 타인과 분리된 자신의 고유한 이미지를 갖게 된다고 해요. 결국, 아이의 자아 개념에는 자신이 보는 자아와 타인들이 보는 자아가 공존하는 것이죠.

상징적 상호작용 이론을 주창한 미국의 사회심리학자 조지 허버트 미드는 자아를 '주체로서의 나'[I]와 '객체로서의 나'[Me]로 구분해요. 주체로서의 나는 자신의 욕망이나 감정에 충실한 자아로서 주위 환경에 즉흥적으로 반응하는 자아입니다. 반면에 객체로서의 나는 다른 사람들의 눈에 내가 어떤 모습으로 비치는지를 자각하는 자아를 말해요. 인간의 자아는 이 두 가지 '나'가 계속 상호작용하는 과정에서 형성됩니다.

결국 인간의 자아는 다른 사람들과의 관계 속에서 형성되는데, 이때 자아 형성에 큰 영향을 발휘하는 것이 '일반화된 타자'입니다. 우리는 다른 사람들의 생각이나 태도, 사회적 기대가 어떤 것인지를 알고 있어요. 요즘 유행하는 이야기나 화제가 된 사건 등에 대한 주변 사람들의 생각, 또는 우리가 지켜야 하는 예의범절이나 교통신호와 같은 사회적 규칙 말이지요. 이와 같은 타인의 생각, 태도, 사회적 기대에 대한 우리의 정보를 '일반화된 타자'라고 합니다. 우리는 일반화된 타자의 눈으로 자신을 바라보고 평가하면서 살아가죠. 그래서 어빙 고프먼과 같은 사회학자는 우리가 타인과 관계를 맺을 때 마치 연극 무대에서 배우가 역할을 수행하듯이 사회적으로 인정되는 역할을 수행한다고 말하기도 했습니다.

뉴미디어에는 개별성, 네트워크성, 상호작용성이 있기 때문에 이용자는 매스미디어에서처럼 단순히 콘텐츠를 보고 즐기는 차원에 머무는 것이 아니라, 타인에게 자신의 생각이나 감정을 드러내고 타인과 일정한 관계를 맺을 수밖에 없어요. 뉴미디어 이용자는 다른 사람들과의 사회적 관계 속에서 자아를 관리해야 하는 상황에 놓이는 경우가 많죠. 특히 1인 미디어나 소셜 미디어는 자신의 이미지를 관리하기 위해 이용하는 미디어라고도 할 수 있습니다.

1인 미디어나 소셜 미디어를 통해 자아를 관리하는 방식은 '자기소개'Self-Presentation 와 '자기노출'Self-Disclosure 로 나뉠 수 있습니다. 개인 홈페이지나 블로그와 같은 초기 1인 미디어에서는 자기소개가 가장 중요한 기능이었어요. 예를 들어, 개인 홈페이지들은 개인의 정보와 관심사를 알리는 데 치중했죠. 운영자는 '프로필', '내

소개', '나는?', 'creator'(크리에이터: 창작자), '이력서' 등의 다양한 제목의 웹 문서를 통해 자신을 소개했습니다. 이름, 생년월일, 직업, 취미, 특기, 좋아하는 것, 싫어하는 것, 가족, 친한 친구들 등 자신에 대한 정보를 공개할 수 있었죠.

자기소개의 패턴은 일반적으로 다음과 같이 세 가지로 분류할 수 있습니다. 첫째, 기본 형식으로 운영자의 이름과 나이, 성별, 직업 등의 정보를 간략히 제시하는 방식이에요. 둘째, 서술 형식으로 운영자의 삶을 자서전 식으로 서술하기도 하죠. 셋째, 토픽 형식으로 운영자의 취미, 관심거리를 중심으로 내용을 채우기도 합니다.

자기노출이란 개인이 자신의 생각, 감정, 경험 등을 포함한 사적 정보를 타인에게 공개하는 것을 말합니다. '나'를 타인에게 드러내 보여 줌으로써 타인이 나에 대한 구체적인 지식을 갖도록 하는 행위죠. 자기소개가 비교적 객관적인 정보를 공개하는 것이라면, 자기노출은 좀 더 은밀하고 사적인 정보를 공개하는 것입니다. 최근의 뉴미디어 이용자들은 단순히 자기소개를 하기보다는 좀 더 사적인 정보를 담은 자기노출을 하는 경우가 많습니다. 1인 미디어나 소셜 미디어를 통해 가족들과의 일상이나 개인적인 감정 등을 공개하는 사례는 이제 흔한 일이죠.

그렇다면 뉴미디어 이용자들은 왜 스스로 사적인 정보를 공개

할까요? 나에 대한 정보를 타인과 공유하는 자기노출은 사랑과 신뢰의 감정을 바탕으로 하거나 그러한 감정을 불러일으키기 때문에, 개인들 사이에 친밀한 관계를 형성하는 데 대단히 중요한 역할을 한다고 알려져 있어요. 캐나다의 심리학자 시드니 쥬라드에 따르면, 자기노출을 하는 개인은 단순히 자기 정보를 남에게 공개하는 것에서 그치지 않고 자신에 대해 성찰하는 시간을 거친다고 합니다. 그 과정에서 자기 정체성을 찾게 되고, 결국은 건강한 인성을 갖게 되는 것이죠. 심리학에서는 자기노출에 크게 네 가지

순기능이 있다고 봐요.

첫째, 정서를 표출함으로써 신체적·심리적 긴장을 해소합니다. 둘째, 자신에 대한 객관적인 분석과 평가를 통해 자아 개념을 명확하게 하죠. 셋째, 자신의 신념, 태도, 가치관, 판단 등을 타인의 그것들과 비교함으로써 적절한지 여부를 확인합니다. 넷째, 자신의 욕구, 의도, 가치관 등을 전달함으로써 그와 관계된 타인의 반응을 유도합니다. 자기소개와 자기노출을 일상적으로 가능하게 하는 뉴미디어 덕분에 이용자들은 상대에 대한 신뢰와 호감을 가짐으로써 친밀한 관계로 발전할 수 있습니다.

신분이 노출되지 않고 익명으로 의견을 공개할 수 있는 게시판이 있는 웹 사이트 같은 경우에는 자기노출이 더 조장될 수도 있습니다. 실제로 인터넷 게시판에서는 익명으로 개인적인 이야기를 털어놓는 일이 흔히 일어나죠. 사람을 직접 만나서 사적인 고백을 하는 것은 매우 부담스러운 일이지만, 서로를 알 수 없는 익명의 게시판에서는 쉬운 일이기 때문입니다.

특히 한국에서는 체면을 중시하기 때문에 공개적으로 내 이야기를 하기가 힘든데, 인터넷의 익명 게시판은 수치심을 느끼지 않고 자기를 노출할 수 있게 해 주죠. 얼굴을 알지 못하는 많은 사람 앞에서 자기 이야기를 진술하게 하는 것은 상대편으로부터 더 큰 호응을 얻으면서 정신적 위안을 얻는 기회가 될 수 있습니다.

'좋아요'를 부탁해

뉴미디어는 양방향 소통을 할 수 있는 네트워크로 수많은 사람을 연결해 줍니다. 오프라인에서 우리는 다른 사람을 직접 만나 그의 외모나 말투, 행동 등을 보고서 성격을 판단한 뒤에 자신과의 유사함이나 차이를 발견하고 호감을 느껴 친밀한 사이가 되는 방식으로 사회적 관계를 맺습니다. 일단 친밀한 관계가 되면 자주 만나거나 문자메시지를 보내고 통화를 하는 등 사회적으로 규정된 일정한 친교 행위를 정기적으로 해야 합니다. 여러분도 더 친하게 지내는 친구의 SNS 계정을 다른 친구들 것보다 자주 들여다보고 '좋아요'나 '하트'를 눌러 줄 거예요. 친구 관계를 유지하려면 심리적·사회적 노력을 기울여야 하죠.

일반적으로는 오프라인에서의 친구들이 온라인 친구로 이어지지만 오직 온라인에서만 친구나 동료로 만나는 사람들도 많아요. 뉴미디어를 이용해 네트워크 안에서 타인을 만나 친밀한 관계가 되는 것은 오프라인에서보다 훨씬 더 간단한 데다 심리적·사회적 연결 정도가 적은 활동입니다.

예를 들어, 소셜 미디어인 페이스북에서 타인과 친구가 되는 것은 비교적 단순한 과정을 거치는 일이죠. 다른 사람의 페이스북 계정에 가서 그가 올린 글과 영상을 본 뒤에 호감을 느끼거나 필요하다고 판단되면, 친구 요청을 보내 수락을 받으면 되니까요. 친구가 된 이후에도 반감이 들거나 필요하지 않다고 판단되면, 언제든지 손쉽게 친구 삭제나 차단을 할 수 있습니다.

온라인에서의 친구 관계 유지에 가장 중요한 요소 중 하나는 네트워크를 통해 서로 연결되어 있다는 느낌입니다. 이 '연결된 현존감'은 실제로 이용자들이 나누는 대화 행위와 내용으로 만들어진다기보다는, 이용자가 소셜 미디어에 접속했을 때 화면에 나타나는 친구 목록이라든가 친구의 활동에 대한 알림 표시 등으로 유지됩니다. 내가 이용하는 소셜 미디어는 친구들의 목록을 보여주고, 그 친구들이 소셜 미디어를 이용하는 활동을 하고 있음을 알려 줌으로써 내가 친구들과 함께 있다는 느낌을 제공하는 거죠. 나는 그들이 올린 글이나 영상에 '좋아요'를 누르고, 내가 올린 글이나 영상에 '좋아요'를 누르는 친구들을 보면서 사회적 관계가 유지되고 있음을 확인합니다.

소셜 미디어에서 '좋아요'를 누르는 것은 오프라인에서 친구와 주고받아야 하는 친교 행위보다는 훨씬 간단하고 심리적·육체적 부담이 적습니다. 그러면서도 사회적 관계가 유지된다는 심리적 안정감을 주기 때문에 많은 사람이 온라인 친교 행위를 선호하게 되죠. 친구를 직접 만나 대화를 나눌 때는 나의 태도, 친구의 상황, 대화 중 발생할 수 있는 여러 변수 등 고려해야 할 것들이 많잖아요. 온라인에서의 만남은 그런 번거로움이나 껄끄러움에서 비교적 자유롭죠. 같은 장소에 있는 가족이나 친구와 대화를 나눌 때도 직접 말을 하는 것보다는 메신저를 이용하는 것이 더 편하다고 느끼는 사람들이 있을 정도입니다. 사람들은 혼자 있을 때뿐만 아니라 가족이나 친구와 함께 있을 때조차도 메신저나 소셜 미디어에 접속해 온라인의 친구들과 연결된 현존감을 느끼고자 합니다.

네트워크에서의 사회적 관계에 신경을 쓰는 뉴미디어 이용자들은 항상 연결되어 있어야 한다는 강박감을 느끼는 것처럼 보입니다. 이것은 '단절에 대한 공포'와도 연결되어 있어요. 그래서 끊임없이 자신이 올린 글과 영상을 체크하고 친구들의 계정에 방문해 글과 영상에 '좋아요'를 누르고자 합니다.

뉴미디어 이용자들은 일관되게 타인과의 만남을 추구합니다. 뉴미디어가 제공하는 네트워크 안에서의 개인 공간은 이용자가 자신의 정체성을 확인하고 타인과의 사회적 관계를 형성, 유지하기 위한 수단으로 활용되죠. 뉴미디어는 나만의 개별적인 세상을 만들어 냅니다. 그런데 네트워크를 통해 나와 연결된 세

상은 점점 넓어지지만 그 세상에서 나는 점점 고립될 수 있습니다. 네트워크 안에 고립되어 있다는 느낌에서 벗어나는 유일한 길은 더 많은 사람과 친구 관계를 맺고 '좋아요'와 댓글을 통해 그 관계를 끊임없이 관리하고 유지하는 것뿐이랍니다.

앞서 말했듯이, 뉴미디어를 이용한 네트워크 안에서의 사회적 관계는 오프라인의 사회적 관계보다는 느슨하고 결속력이나 구속력이 작습니다. 친구 요청을 수락하거나 커뮤니티 웹 사이트에 가입해 활동하는 방식으로 쉽게 사회적 관계를 맺을 수 있고, 그 관

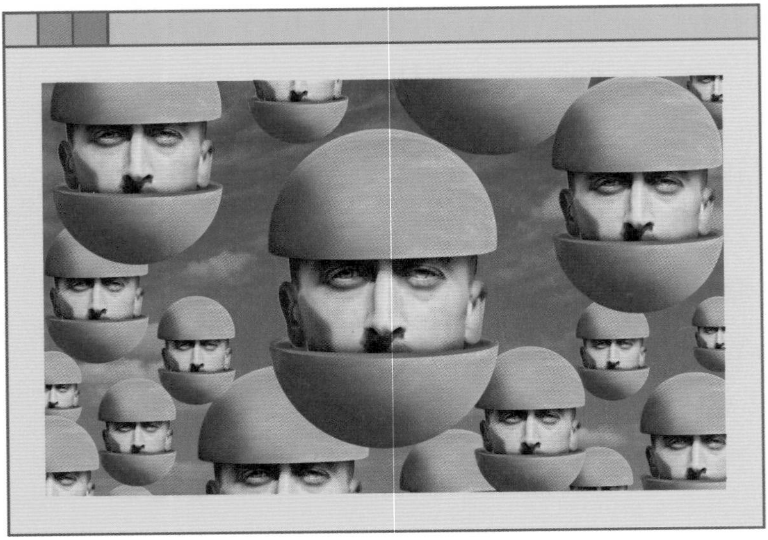

계를 끊는 것 역시 쉽습니다.

오프라인의 집단은 구성원을 집단의 규범에 순응하게 만드는 압력을 행사함으로써 구성원이 다른 구성원들과 비슷한 방식으로 생각하고 행동하게 되는 동조 현상을 불러일으킵니다. 또한 충분한 토론 없이 쉽게 결정을 내리고 한번 결정된 것은 바꾸려 하지 않는 경직된 '집단 사고'Groupthink 나 극단적인 해결책을 도출하는 '집단 극화'Group Polarization 현상도 나타나기 쉽죠. 온라인의 집단에서는 동조 현상이나 집단 사고, 집단 극화 현상이 나타날 가능성이 상대적으로 적을 수 있어요. 온라인 집단에서 탈퇴하거나 활동을 중단하는 것은 매우 쉽기 때문이죠.

그런데 비록 상대적으로 느슨하기는 하지만 온라인 집단도 열성적인 이용자들을 중심으로 강한 결속력을 보일 수 있습니다. 특히 이용자들의 이해관계에 따라 사회적 이슈에 대한 집단적 의견이나 행동이 나타날 수 있죠. 2016년의 박근혜 대통령 탄핵을 촉구하는 촛불시위나 2019년의 일본 제품 불매운동과 같이 중요한 정치적·사회적 이슈가 발생했을 때 온라인 커뮤니티를 중심으로 집단적인 의사를 표출하고 행동으로 이어 가는 경우를 예로 들 수 있어요.

2. 집단 지성, 우리는 함께 똑똑해질 수 있을까?

네트워크 속 인간의 희망

네트워크로 연결된 뉴미디어 이용자들은 사회적 관계를 맺고 공동의 관심사에 대해 의견을 발표하고 토론하면서 일정한 해답과 구체적인 행동을 끌어내곤 합니다. 전통적인 매스미디어에서는 전문가가 나와서 대중에게 필요한 지식과 정보를 알려 주는 방식으로 콘텐츠가 제공됩니다.

반면 뉴미디어에서는 네트워크로 연결된 이용자들이 각자의 생각과 의견을 자유롭게 표현하는 과정에서 정보와 지식을 형성하고 교환합니다. 이렇게 집단적인 토의를 통해 만들어진 생각이나 판단은 개인이 혼자 도출해 낸 것보다 더 유용하고 합리적인 경우가 많습니다. 뉴미디어를 통해 많은 사람이 집단적으로 토론하고 자유롭게 협력하면서 좋은 결과가 나왔을 때, 집단 지성이 발현되었다고 볼 수 있어요.

집단 지성Collective Intelligence에서 '지성'은 지능이란 의미입니다. 개인들이 가진 지능들과는 구별되는 독립된 개체로서의 집단이 가진 지능이 집단 지성이죠. 개미 사회를 예로 든다면, 개미들 하나하나의 지능은 낮은 수준이지만 집단으로서의 개미 사회는 높은 지능을 갖춘 개체처럼 효율적으로 작동합니다. 20세기 초 곤충학자들은 집단생활을 하는 곤충들의 사회가 개별 인자의 능력을 훨씬 뛰어넘어 정교하고 효율적인 체계를 유지하는 현상을 발견했어요. 곤충학자들은 이런 현상을 설명하기 위해 집단을 지능이 있는 하나의 거대한 유기체로 보기 시작했죠.

뉴미디어가 사회적으로 중요한 미디어로 자리 잡으면서 집단 지성이 다시 주목을 받기 시작했습니다. 프랑스 철학자 피에르 레비는 집단 지성을 "어디에나 분포하며, 지속적으로 가치 부여되고, 실시간으로 조정되며, 역량의 실제적 동원에 이르는 지성"이라고 정의합니다.

어디에나 분포한다는 말은 모든 사람이 각자 어떤 분야에선가는 가치 있는 지식을 갖고 있기 때문에 인류 전체로 본다면 엄청

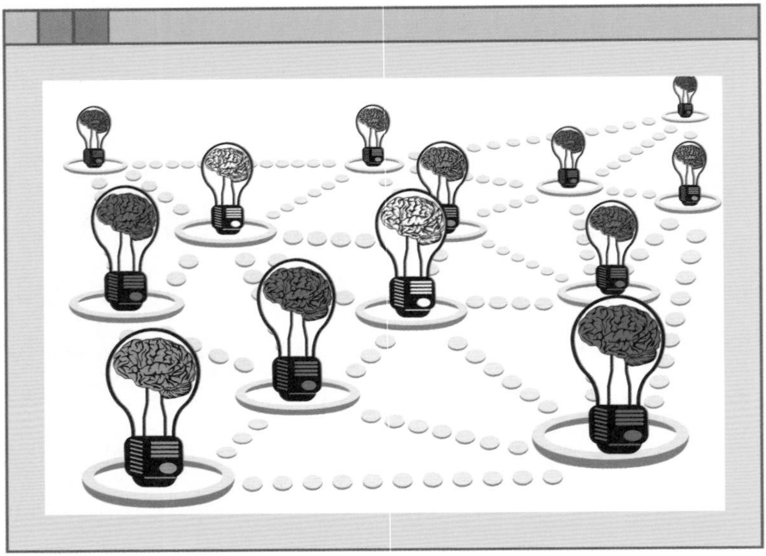

난 지식이 있다는 뜻이에요. 지속적으로 가치 부여가 된다는 말은 인류 전체가 보유한 이 지식을 가치 있게 사용해야 한다는 뜻이죠. 지성이 실시간으로 조정된다는 말은 사람들이 뉴미디어를 통해 실시간으로 능동적인 상호작용을 한다는 이야기입니다. 마지막으로 역량의 실제적 동원에 이른다는 것은 다른 사람이 가진 지식의 가치를 인정함으로써 그 지식이 집단적으로 동원될 수 있도록 한다는 말이죠.

레비의 말을 해석하자면, 모든 사람이 갖고 있는 가치 있는 지식들이 상호 인정을 바탕으로 인터넷과 같은 디지털 미디어를 통해 실시간으로 연결됨으로써 집단의 목표를 달성하는 데 사용되는 과정에서 집단 지성이 나타난다는 것입니다.

영국의 작가 찰스 리드비터는 집단 지성을 "웹이 창조한 집단적 사고방식과 집단적 놀이 방식, 집단적 작업 방식, 집단적 혁신 방식"이라고 정의해요. 집단 지성은 서로 다른 지식, 기술, 노하우, 통찰력을 가진 사람들이 웹이 제공하는 소프트웨어와 서비스를 통해 무수히 많은 창의적 상호작용을 함으로써 실현된다는 것이죠.

여기에서 중요한 것은 단지 인터넷을 통해서 사람들이 만나는 것이 아니라, 문제를 해결하는 과정에 능동적으로 참여해서 협업적인 사고와 작업을 하는 것입니다. 인터넷의 무수한 정보들은 집단 지성을 통할 때 비로소 걸러지고 유용하게 사용될 수 있어요. 누구나 정보를 공유할 수 있는 저작권 공유 표시Creative Commons License, CCL와 공개 소프트웨어Open Source Software, OSS 같은 것은 집단 지성이 발현될 수 있도록 도와주는 도구가 될 수 있습니다. 인터넷으로 공개되는 지식백과 사이트인 '위키피디아'는 집단 지성에 의해 지식과 정보가 만들어지고 유통되는 대표적인 사례라고 할 수 있죠. 집단 지성은 지식의 전파뿐만 아니라 민주주의, 평등, 자유를 신장하고 확산시키는 데 도움을 줄 수 있습니다.

리드비터에 따르면, 사람들이 인터넷을 통해 집단 지성의 구현에 참여하는 것은 실용적 욕구와 사회적 욕구 때문입니다. 사람들은 먼저 자신에게 필요한 것을 얻고자 하는 실용적 욕구 때문에 인터넷을 사용합니다. 인터넷을 사용하도록 만드는 또 다른 욕구는 다른 사람들에게 인정을 받고자 하는 사회적 욕구입니다. 사람들이 실용적 욕구와 사회적 욕구를 충족하기 위해 인터넷을 적극적으로 이용하는 과정에서 집단 지성이 나타나죠.

리드비터는 집단 지성이 사회에서 유익하게 이용되려면 인터넷이 어느 정도는 통제되어야 한다고 생각합니다. 인터넷을 통제할 수 있는 방법에는 세 가지가 있습니다. 첫째, 미디어의 관리자와 전문가들이 인터넷을 통제하는 방법이 있어요. 둘째, 관리자의 통제에도 불구하고 정보와 권력의 분산이 커진다면 개방적이고 투명한 방식으로 동료들의 통제와 감독을 받는 방법이 있습니다. 이 경우에는 다른 사람들의 평가를 듣고 비판을 수용하는 데 익숙해져야 하죠. 셋째, 사람들이 자신의 기술력을 책임감 있게 사용할 수 있도록 그들을 교육하는 방법입니다. 특히 청소년에 대한 미디어 교육이 중요해요.

인터넷 기술을 바탕으로 한 집단 지성에 대해 이야기하는 사람들은 대부분 낙관적인 전망을 제시합니다. 뉴미디어는 사람들을 네트워크로 연결해 주고, 가상공간에서 개방된 정보들을 바탕으로 자유롭고 투명하며 자율적인 상호작용과 협업을 가능하게 만듭니다. 이를 통해 개인이나 사회가 직면한 경제적·사회적·정치적 문제들을 해결하고 더 나은 사회를 건설할 수 있습니다.

실제로 집단 지성이 성공적으로 구현된 사례는 많아요. 위키피디아처럼 다수의 사람들이 투명하고 평등하게 참여해 신뢰할 만한 지식 백과사전을 만들 수도 있고, 2003년 사스SARS, 중증 급성 호흡기 증후군가 세계적으로 유행했을 때는 세계 각국의 연구 기관에서 뉴미디어를 이용한 네트워크를 구성해 협력 연구를 함으로써 원인 병원체를 찾아내 전파 양식을 빠르게 발견할 수 있었어요. 그

© Yonhap Photo

노점상을 하던 26세 청년 모하메드 부아지지의 분신 소식이 SNS를 타고 퍼져 나가자 독재에 시달리던 민중들이 들고일어나 튀니지 혁명의 도화선이 되었다.

런가 하면 2010년과 2011년에 튀니지와 이집트에서 일어난 민주화 운동에서처럼 소셜 미디어가 민주주의를 확산하는 데 기여할 수도 있습니다.

뉴미디어를 기반으로 작동되는 집단 지성은 개방성, 다양성, 독립성, 탈중심성을 포함하고 실시간으로 조정과 통합이 가능하기 때문에 전문가를 중심으로 형성되고 전파되는 지성을 능가할 수 있어요. 예를 들어, 위키피디아는 백과사전을 지향하면서도 전통적인 백과사전과는 달리 전문가 중심의 편집을 거부하고 일반

대중이 참여하는 개방성을 바탕으로 유지됩니다. 바로 이런 이유로 비판자들은 전문가가 감수하지 않은 위키피디아의 내용은 부정확할 수밖에 없으며 쉽게 왜곡될 수 있기 때문에 신뢰성을 가질 수 없다고 주장하기도 하죠.

하지만 위키피디아의 정확성은 현재 브리태니커 백과사전과 거의 동등한 수준이라고 평가될 정도로 백과사전으로서의 권위와 신뢰를 확보하고 있어요. 네이버의 '지식iN' 같은 지식 검색형 집단 지성은 깊이 있는 전문적 지식을 제공하지는 않지만, 일상생활의 다양한 문제들을 해결하는 데 필요한 정보와 지식을 제공합니다. 집단 지성을 이용한 이런 지식의 형성과 공유가 가능한 것은 다수의 생산자와 소비자가 네트워크에서 상호작용하면서 지식을 공유하고 만들어 가기 때문이죠.

집단 지성에 대한 비판

인터넷을 통해 연결된 많은 사람이 어떤 문제를 해결하기 위해 적극적으로 참여하고 정보를 교환, 공유하면서 창의적으로 협업한다고 해서 집단 지성이 반드시 긍정적으로 구현되는 것은 아닙니다. 정치적이거나 경제적인 요소들이 집단 지성의 구현을 방해하기도 하죠.

위키피디아의 경우에는 누구나 자유롭게 참여할 수 있지만 세 가지 원칙을 지켜야 합니다. 첫째, 중립적인 시각을 가진 내용을 게재해야 합니다. 둘째, 독자적인 연구를 통해 새로운 내용을 만들어 게재해서는 안 됩니다. 이미 연구되어 검증을 받은 내용만을 올릴 수 있습니다. 셋째, 게재한 내용에 대해 확인할 수 있도록 출처를 밝혀야 합니다.

그런데 이해관계가 대립하는 이슈를 다룰 경우에는 이런 원칙들을 지키기가 어렵습니다. 특히 중립적인 관점을 유지하기가 어려울 수 있어요. 더 큰 문제는 이런 원칙들이 중요한 쟁점들에 대한 언급을 회피하도록 만들고, 그러다 보면 '안전한' 정보만을 유통시킬 수 있다는 것입니다.

위키피디아가 제공하는 지식은 사회에 대한 깊이 있는 통찰력을 담은 지식이라기보다는 단편적인 지식에 머물 가능성이 큽니다. 정치적 중립을 가장하는 단편적이고 안전한 지식의 생산을 온전한 의미로서의 집단 지성이라고 부를 수 있을지, 의문이 생기죠.

예를 들어, 2019년을 뜨겁게 달군 홍콩의 시위를 소개하며 시위의 원인과 의미를 다루지 않는다면 의미 있는 정보라고 할 수 있을까요? 홍콩의 시위가 민주주의를 향한 시민혁명인지, 사회질서를 파괴하는 폭력 사태인지를 판단하는 것은 위키피디아가 요구하는 '안전한' 정보가 아닙니다. 결국 위키피디아는 시위의 전개

© Yonhap Photo

2019년 홍콩에서는 범죄인의 중국 송환법 제정에 반대하는 시민들의 시위가 이어졌다. 집회 참여자들에 대한 경찰의 무력 진압 사태가 발생하자 이에 항의하는 수천 명의 중고등학생이 서로 손을 잡고서 인간 사슬을 이루어 시위를 벌였다.

과정을 시간순으로 나열하고 정부와 시위대의 주장을 소개하는 식으로 단편적인 정보만을 제공하는 데 그칩니다.

사실 집단 지성은 '권력이 어떻게 분산되고 행사되느냐.' 하는 문제와 밀접히 관련되어 있습니다. 권력이 한 명의 개인이나 소수에 의해 과도하게 행사된다면 집단 지성이 나타나기 어렵습니다. 집단 지성은 구성원 개개인이 동등한 권력을 행사할 때 가장 잘 나타날 수 있어요.

인터넷과 같은 디지털 미디어가 집단 지성의 출현에 특히 적합하다고 말하는 이유는 바로 모든 사용자가 동등한 권력을 행사하면서 상호작용할 수 있기 때문입니다. 익명성을 기반으로 한 인터넷 가상공간에서는 전문가와 일반인이 구분되지 않습니다. 모든 사람의 의견은 우선적으로 동등한 가치가 있다고 이해되죠. 그래서 자유롭고 동등한 정보교환과 토론 활동 등을 바탕으로 개인의 지적 능력을 초월하는 결과를 보여 주는 집단 지성이 형성될 수 있습니다.

권력이 소수에게 집중되는 순간부터 집단 지성은 자취를 감춥니다. 권력의 불평등한 분배로 집단 지성이 발현되지 않는 곳에 집단 사고나 집단 극화가 나타나죠. 개방성, 다양성, 독립성, 창의성, 협업 등 집단 지성을 가능하게 만드는 조건들을 충족한다 해도, 권력의 분배가 불평등하게 이뤄진다면 집단 지성은 발현되지 않아요. 실제로 우리는 인터넷 사이트에서 많은 사람이 독립적이고 자유로운 참여를 바탕으로 창의적 협업을 했지만 아주 부정적인 결과를 내놓는 모습을 흔히 접할 수 있습니다.

예를 들어, 반사회적인 내용을 공유함으로써 논란을 일으키는 인터넷 커뮤니티 사이트 '일베'(일간 베스트)는 많은 사람의 적극적 참여와 정보 교환, 공유, 창의적 협업 등의 모습을 보여 주지만, 이용자들이 명예훼손이나 심각한 사생활 침해로 실형을 선고받는

등 매우 부정적인 결과가 나타납니다.

많은 사람이 인터넷의 가상공간에서 자유로운 협업을 했음에도 정보를 왜곡하고 잘못된 지식을 만들어 감으로써 결국 개인에게 큰 상처를 입히거나 사회적으로 해를 끼치게 된 사례들은 주변에서 쉽게 찾을 수 있어요. 한 연예인의 학력 위조 여부에 대한 진실을 밝히겠다고 시작된 인터넷 커뮤니티 '타진요'(타블로에게 진실을 요구합니다)의 경우를 예로 들 수 있습니다. 2007년 처음 발생했던 이 논란은 당시 타블로의 해명으로 수그러드는 듯했으나 2010년 초 한 네티즌을 통해 다시금 불거지게 되었습니다. 타블로는 성적 증명서와 학교 측의 공문, 해당 교수의 확인서를 공개했고 공중파 시사 교양 프로그램 〈MBC 스페셜〉에서 직접 미국의 스탠퍼드대학교에 방문해 관계자를 취재한 인터뷰를 방송에 내보내기도 했습니다. 그러나 사람들은 이를 믿지 않고 끊임없는 의혹 제기와 비난에 열을 올렸어요. 논란이 확산되면서 2010년 당시 타진요 카페의 회원 수가 무려 13만 명에 이르렀죠. 이처럼 인터넷 공간에서의 협업이 맹목적인 마녀사냥이 되기도 합니다. 이런 사례들을 보면, 집단 지성이란 뉴미디어에 의해 자동적으로 얻어지는 것이 아니라는 것을 알 수 있습니다.

뉴미디어가 집단 지성이 발현되는 데 유리한 환경을 제공할 수는 있지만 반드시 집단 지성을 만들어 내는 것은 아니에요. 뉴미디어는 정치적·사회적 요인에 종속되어 있습니다. 정부는 방송통신위원회의 심의와 같은 모니터링 활동을 통해 일상적 수준에서, 또는 구속과 재판 등을 통해 강제적 수준에서 인터넷 활동을 억압하고 위축시킬 수 있습니다. 2012년 대통령 선거를 앞두고 벌어진 국가정보원의 댓글 조작 사건처럼 아예 특정 정

권에 유리하게 여론을 조작할 수도 있어요.

게다가 사람들은 뉴미디어를 문제 해결 수단으로 이용하기보다는 오락이나 인간관계 유지 수단으로 활용하는 것을 더 좋아합니다. 뉴미디어가 이성적인 방식보다는 감성적인 방식으로 더 많이 이용된다는 뜻이죠. 따라서 뉴미디어를 통한 상호작용은 아무리 개방적이고 능동적인 참여를 바탕으로 하더라도 결국 정치적·사회적·감성적으로 왜곡될 수밖에 없습니다.

집단 지성이 진정으로 발현되기 위해서는 모든 사람이 동등한 권력을 갖고 협업할 수 있어야 해요. 그러려면 먼저 서로의 지적 능력을 존중할 필요가 있습니다. 지식인이나 전문가들은 일반 대중을 깔보거나 하찮게 여겨서는 안 됩니다. 일반 시민들도 전문가나 지식인을 무턱대고 우러르기보다는 자신들과 동등한 지적 능력을 가진 존재로 여겨야 하죠. 모두가 서로를 동등한 존재로 여기는 상호 존중이 집단 지성을 가능하게 만드는 기본 조건이 됩니다. 바로 이 조건이 충족될 때 뉴미디어는 비로소 집단 지성 발현을 위한 유용하고 편리한 도구로 사용될 수 있습니다.

3.

더 다양한 목소리가 들리고 섞이는 곳

공론장의 정의와 특성

인터넷이 처음 대중화되었을 때는 데이터 전송속도가 빠르지 않았기 때문에 주로 문자를 이용해 정보를 교환하고 공유했어요. 이런 상황에서 인터넷 신문과 같은 뉴미디어가 정치적·경제적·사회적으로 중요한 정보를 다루고 공유하는 공간이 되었습니다. 기사에 대한 댓글과 게시판을 이용한 토론이 매우 활발하게 이뤄졌죠. 각 인터넷 신문 사이트의 게시판에는 정치, 경제, 사회, 문화 등 여러 분야의 이슈에 대해 활발하게 의견을 개진하는 '논객'이 많이 모여들었습니다.

매스미디어가 제공하는 정보를 수동적으로 수용하기만 하던 커뮤니케이션 상황과는 다른, 새로운 현상이었어요. 기사에 대한 댓글 달기와 게시판에서의 활발한 토론은 시민들이 자유롭고 평등한 방식으로 사회문제에 대해 고민하고 의견을 나누면서 해결책을 찾아 가는 바람직한 민주주의의 공론장 문화로 인식되었습니다.

'공론장'이란 공적인 토론의 공간을 의미합니다. 고대 그리스의 도시국가에서 시민들이 광장에 모여 사회적 문제에 대해 토론하고 의사를 결정하던 문화는 아주 오래된 공론장의 예라고 할 수 있어요. 민주주의와 관련해 공론장 개념에 대해 많은 이야기를 한 사람은 독일의 철학자 위르겐 하버마스입니다.

그는 독일어로 공론장을 외펜틀리히카이트Öffentlichkeit 라고 불렀습니다. 영어로는 공적 영역Public Sphere 이라고 하죠. 이것은 시민들이 함께 모여 사회적 문제에 대해 논의하는 공개된 장소를 의미해요. 반면에 개인적인 문제에 대해 가족이나 친구와 함께 은밀히 이야기를 나누는 폐쇄된 장소는 사적 영역입니다.

하버마스에 따르면, 공론장은 근대 유럽에서 민주주의가 발달하는 과정에서 중요한 역할을 했습니다. 이 공론장은 르네상스 이후 상업으로 부를 쌓으면서 성장한 신흥계급인 부르주아에 의해 만들어지기 시작했어요. 17세기 이후 유럽의 부르주아들은 넓은 집에 살면서 외부인들을 초대해 일종의 거실인 살롱Salon 에서 토론을 하거나 작은 음악회를 열어 문화생활을 즐기곤 했어요. 또 차와 커피가 대중화되면서 생기기 시작한 카페, 커피 하우스 같은 사교 공간과 공공 도서관이나 독서 클럽 등에 모여 신문이나 잡지를 읽고 중요한 정치적·사회적·문화적 이슈에 대해 토론하는 것이 일반적인 도시 풍경이 되었죠. 이런 공개된 장소들이 당시의 공론장 역할을 했습니다.

하버마스는 사회를 '체계'와 '생활 세계'로 나눕니다. 체계는 정

18세기 프랑스의 조프랭 부인이 운영했던 살롱을 표현한 그림. 살롱은 당대 최고의 지성인들이 드나들던 '담론의 장'이었다.

치적·경제적 권력이 장악하고 관리하는 영역이고, 생활 세계는 일반 사람들이 일상적으로 활동하면서 문화를 만들어 가는 영역이에요. 하버마스는 민주주의가 잘 작동하려면 생활 세계 안에서 사람들이 자유롭게, 또 능동적으로 자신의 의견을 표현하고 다른 사람들과 의견을 교환할 수 있어야 한다고 생각했습니다. 바로 공론장이 형성되어야 하는 것이죠.

공론장의 형성과 발달에는 미디어가 중요한 역할을 합니다. 근대 유럽에서는 신문과 잡지가 중요한 역할을 했어요. 신문이나 방송 같은 전통적인 매스미디어는 공론장의 형성과 작동 과정에서 중요한 역할을 할 수 있지만, 매스미디어의 메시지 전달은 기본적으로 기자와 PD 같은 전문가가 만든 콘텐츠를 일방적으로 대중에게 전파하는 방식입니다. 매스미디어를 통한 공론장 형성에 대중이 자발적이고 적극적으로 참여하는 데에는 한계가 있죠.

매스미디어는 특히 거대한 기업의 형태로 운영되기 때문에 무엇보다도 먼저 돈을 벌어야 한다는 경제적 명령에서 자유롭기 어렵습니다. 그러다 보면 특정 정권의 입맛에 맞거나 특정 기업에 유리한 내용을 담은 콘텐츠를 생산해 내기도 하죠. 따라서 매스미디어가 기업화될수록 오히려 공론장을 왜곡하는 일을 할 위험이 있어요.

반면에 뉴미디어, 그중에서도 인터넷은 공론장과 관련해 긍정적인 역할을 할 수 있는 것처럼 보입니다. 인터넷의 경우에는 저렴한 비용으로 누구나 쉽게 접근할 수 있고 자유롭게 자신의 생각을 표현할 수 있을 뿐만 아니라, 양방향적인 커뮤니케이션을 할 수 있습니다. 콘텐츠를 만드는 사람과 접하는 사람이 구분되지 않아요. 게다가 말하는 사람의 신분이 노출되기 어려운 익명성이 보장되고, 시간이나 공간에 구애받지 않고 전 세계의 모든 나이, 계층의 사람들을 연결시킬 수 있습니다. 이런 인터넷 공간은 그 자체로 공론장이 될 수 있는 것처럼 보이죠. 그래서 '인터넷 공론장'이란 말도 생겼습니다.

〈소셜 네트워크〉, 데이빗 핀처 감독, 2010년

우리는 인터넷을 기반으로 1인 미디어나 소셜 미디어를 이용해 자신의 의견과 생각을 표현할 수 있습니다. 자신만의 계정이나 사이트를 운영하고 관리하는 것이 번거롭다면 기사에 댓글을 달거나 게시판을 이용하는 방식으로 토론에 참여할 수도 있어요. 누구나 자기 의사를 표현할 수 있는 인터넷의 개방성은 대중이 정치적 의사 결정이나 사회적 문제 해결 과정에 참여하는 직접민주주의를 실현할 수 있는 조건으로 이해되기도 합니다. 인터넷의 사회문화적 역할을 낙관적으로 바라보는 사람들은 인터넷이 사람들에게 정치에 참여할 수 있는 기회를 균등하게 제공함으로써 정치적 불평등을 해소하고 민주주의의 실현에 기여할 수 있다고 주장합니다.

실제로 청와대 홈페이지에서 운영하는 '국민청원 게시판'의 사례에서 볼 수 있듯이, 사회적 문제에 대해 일반인이 정부와 직접 소통하기도 해요. 또한 기존의 매스미디어에서는 잘 나타나지 않는 사회적 소수자들의 목소리가 인터넷에서는 상대적으로 쉽게 드러납니다. 여성, 장애인, 동성애자, 결혼 이주 여성 등의 사회적 소수자들은 인터넷 공간에서 커뮤니티 사이트를 운영하고 자신들의 권리를 확보하기 위한 사회운동을 벌입니다.

숙의민주주의를 발전시키는 데 인터넷 공론장이 기여할 것으로 기대되기도 해요. '숙의'는 깊이 생각하고 충분히 의논한다는 뜻입니다. 따라서 숙의민주주의는 공적인 문제에 대해 시민들이 깊이 생각하고 토론 과정에 직접 참여해 세밀한 논의를 거쳐 합의에 도달하는 민주적 절차를 의미하죠. 숙의민주주의가 실현되려면 시민들이 평등하게, 또 실질적으로 정치적 논의 과정에 참여하고 공정한 합의를 도출할 수 있어야 합니다.

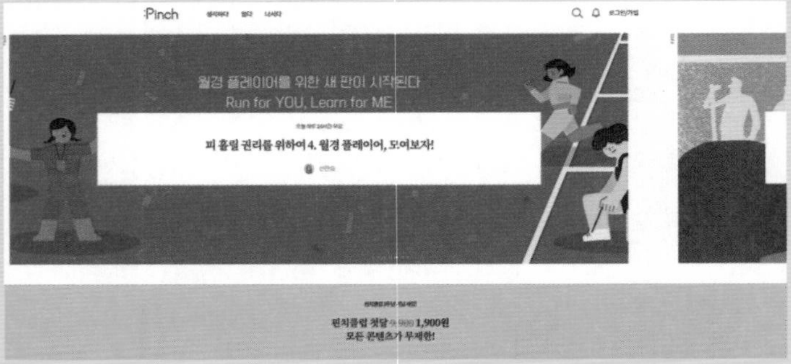

여성 생활 미디어 〈핀치〉는 웹툰, 칼럼, 뉴스레터 등의 형태로 여성 혐오 없는 정제된 콘텐츠 생산을 표방한다.

청소년 성 소수자 위기 지원 센터 〈띵동〉은 홈페이지를 개설해 10대 성 소수자를 위한 각종 프로그램을 제공하고 있다.

2000년대까지는 다양한 웹 사이트에서 활동한 인터넷 논객, 「오마이뉴스」와 같은 인터넷 신문의 시민 기자 등이 기존의 매스 미디어와는 다른 방식으로 공적인 의제에 대해 깊이 있는 의견을 내고 활발히 토론에 참여했습니다.

최근에는 1인 미디어와 소셜 미디어가 대중화되면서 공적인 토론의 장이 다변화되고 있어요. 예를 들어, 2019년에 진행된 일본 제품 불매운동과 관련해 찬성과 반대의 의견을 가진 많은 사람이 유튜브 채널이나 페이스북, 인스타그램 등을 통해 자신의 의견을 밝혔습니다. 이 문제에 관심 있는 사람들은 다른 의견을 가진 여러 채널을 돌아보면서 다양한 의견을 접할 수 있었죠.

진정한 의미의 민주주의가 실현되려면 공론장이 형성되고 잘 운영되어야 합니다. 인터넷의 기술적 특성이 공론장 형성에 유리할 수 있지만 그것만으로는 부족하죠. 공론장이 형성되려면 적어도 세 가지 조건을 갖추어야 해요.

첫째, 사람들이 자유롭게 토론할 수 있는 상황이 보장되어야 합니다. 둘째, 언어를 통해 논리적으로 설득하고 합의를 창출할 수 있는 합리적인 의사소통이 이뤄져야 합니다. 셋째, 사람들의 자유의지에 따라 모인 시민사회 결사체의 활동이 보장되어야 합니다. 이런 조건이 충족되지 않으면 인터넷이라 하더라도 공론장은 형성될 수 없습니다.

예를 들어 볼까요? 2008년 인터넷 포털 사이트 '다음'의 토론 게시판인 '아고라'에서 활동하던 논객 미네르바가 정부의 경제정책 실패를 지적하는 글을 올렸다는 이유로 검찰에 의해 허위 사실 유포 혐의로 체포, 구속되는 사건이 있었습니다. 결국 재판에서 무죄판결을 받기는 했지만, 이 사건은 정부에 비판적인 인터넷 논객은 언제든지 공권력의 공격을 받을 수 있다는 것을 보여 줬죠. 이 사건 이후로 많은 인터넷 논객들이 활동을 포기했고 결국 이용자가 줄어든 아고라는 2019년에 서비스를 종료했습니다.

2012년 국가정보원의 여론 조작 사건, 2018년 더불어민주당원의 매크로 프로그램을 이용한 댓글 조작 사건처럼 사람들을 고용하거나 자동으로 댓글을 다는 프로그램을 이용하는 경우도 있습니다. 특정한 관점의 댓글만을 대량으로 유포해 인터넷이 공론장으로 기능하지 못하도록 하는 대표적인 사례입니다.

내가 바꾸는 세상, 내가 짜깁기하는 세상

대부분의 사람은 자신의 생활에 영향을 끼치는 정치적 사안이나 사회적 문제에 대해서는 나름대로 의견을 갖게 됩니다. 매스미디어를 통할 때는 이런 의견들이 대개 전문가의 의견을 거치는 방식으로 나타나죠. 하지만 뉴미디어를 이용하면 개인의 의견들을 가감 없이 직접적으로 표현할 수 있습니다. 인터넷 기사나 1인 미디어의 콘텐츠에 댓글을 달거나 자신의 소셜 미디어 계정에 의견을 밝히는 것은 매우 간단하고 쉬운 일입니다. 정부, 정당, 정치인의 홈페이지나 소셜 미디어 계정에 들어가 댓글을 달거나 '좋아요'를 누름으로써 자신의 의견을 밝히고 직접 소통하는 것도 아주 쉬운 일이죠. 이런 식으로 정치나 사회 활동에 참여하는 것은 일상적인 일이 되었습니다.

좀 더 적극적인 사람들은 정당이나 정치인을 후원하는 사이트에 회원으로 가입하거나 특정한 정치적·사회적 이념을 표방하는 커뮤니티에 가입해 열성적으로 자기 의견을 말하고 토론에 참여합니다. 1인 미디어나 소셜 미디어 계정을 만들어 자신의 정치적·사회적 의견을 전달하는 콘텐츠를 만들고 구독자나 팔로어를 모아서 실질적인 영향력을 행사하기도 하죠.

이처럼 정치 참여의 일상화는 긍정적 효과를 불러옵니다. 사람들의 정치적 지식이 증가하면서 의견이나 생각이 정교해지고 좀 더 나은 방향으로 수정될 수 있죠. 인터넷 토론을 통해 자신과 비슷한 의견이나 반대 의견을 가진 사람들과 접하고 논쟁하면서 공적인 문제에 대한 지식, 논리적 사고력, 자기 성찰 능력을 키울 수 있습니다.

또한 사람들의 '정치 효능감'도 커져요. 정치 효능감이란 자신

아이를 낳고 기르는 보육 정책의 당사자로서 정치 참여 활동을 하고 있는 시민 단체 '정치하는엄마들'의 SNS 계정

2018년 감사원 앞에서 '정치하는엄마들' 활동가들이 '교육부의 비리 유치원 비호·방조에 대한 감사 청구 기자회견'을 가졌다.

의 정치적 행동이 정치과정에 영향을 끼칠 수 있다는 생각입니다. 일상적인 정치 참여를 통해 사람들은 정치나 정책의 실질적인 변화를 경험할 수 있고, 그런 경험을 통해 정치 효능감을 키워 갑니다. 따라서 정치에 참여함으로써 얻는 만족감이 바로 정치 효능감이라고도 볼 수 있어요. 뉴미디어를 통해 정치적 의견을 적극적으로 표현하면서 일상적으로 정치에 참여하는 사람들은 높은 정치 효능감을 경험하기 때문에 시위나 투표와 같은 실제적인 정치 행위에도 참여할 가능성이 높죠.

그런데 뉴미디어를 통해 일상적으로 일어나는 정치 참여는 개인화와 고립화 경향을 보여 주기도 합니다. 뉴미디어를 통한 정보 습득과 공유는 행위자의 능동적인 정보 검색과 참여를 통해 이뤄집니다. 뉴미디어 이용자는 자신이 원하는 정보를 선별적으로 취사선택하죠. 자기가 싫어하는 내용은 의도적으로 외면하고 마음에 드는 내용만을 즐겨 보는 것입니다.

인터넷 공간에는 다양한 의견과 정보들이 있지만 그중에서 자신의 생각과 비슷한 것만을 선별적으로 접하는 사람들이 많아요. 정치적 의견이나 문화적 취향이 비슷한 사람들이 동일한 커뮤니티 사이트에 모여 자기들끼리만 의견을 교환하고 토론하는 일도 흔합니다. 이들은 다른 의견이나 취향은 접하지 않기 때문에 자신들만의 편협한 논리를 계속 확대재생산하게 됩니다. 이럴 경우 지

식의 수준은 낮아지고, 논리적 사고력이나 자기 성찰 능력도 떨어질 수 있어요.

1인 미디어와 소셜 미디어는 개인화와 고립화 경향을 조장합니다. 특정한 유튜브 채널을 구독하게 되면 그 채널과 유사한 성향을 가진 채널들이 계속 추천됩니다. 그런 채널들을 계속 즐기다 보면 그 밖의 다양한 시각과 의견을 접하기 어려워지고, 결국 일정한 콘텐츠의 벽 안에 갇히게 됩니다. 친구 맺기나 팔로잉을 통해 네트워크가 구성되는 소셜 미디어의 경우에도 동일한 현상이 발생해요. 이용자는 비슷한 생각을 가진 사람들과 친구를 맺고 자신에게 불편함을 유발하는 다른 의견을 표현하는 사람들을 차단하면서 스스로 고립된 섬 안에 안주하는 경향을 보입니다.

이런 개인화와 고립화 현상이 심해지면 공권력에 의한 억압이나 검열, 댓글 조작이 없더라도 사람들이 서로 다른 의견을 자유롭게 교환하고 토론함으로써 공적인 문제에 대해 합리적인 합의를 도출하는 공론장은 형성될 수 없어요. 오히려 서로 다른 의견을 가진 집단들 사이에 대립이 심해지면서 상대편에 대한 비하와 혐오만이 넘치게 되겠죠.

반대 의견에 귀를 기울이고 자신의 의견을 합리적으로 전달하는 토론이 이뤄지지 않기 때문에 사람들은 논리적 사고력과 자기 성찰 능력을 키울 수 없게 됩니다. 그 결과 자기가 속한 집단의 지배적 의견에 휘둘리면서 다른 의견은 생각하지 못하는 집단 사고와 집단 극화의 위험에 빠질 수 있습니다. 그리고 자신의 정치적 참여가 아무런 효과가 없다고 생각하면서 분노와 상실감만을 키우게 되죠.

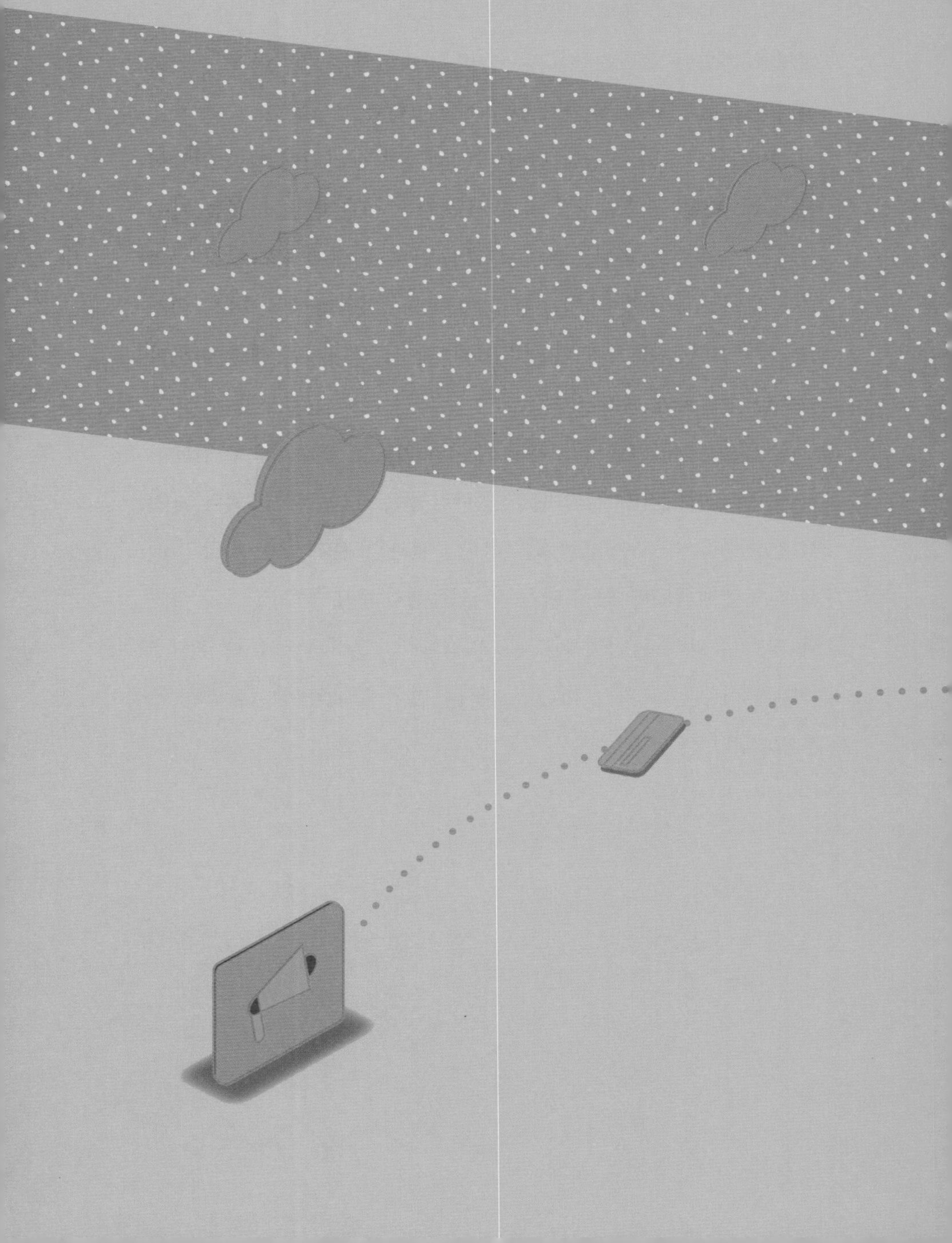

3부

뉴미디어는 어떤 문제를 일으킬까?

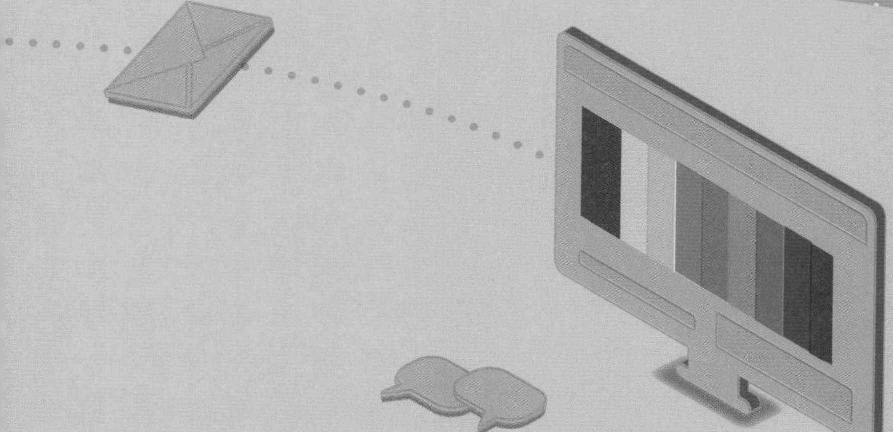

1.

끊이지 않는 사이버 폭력의 위협

심각한 사회문제, 사이버 폭력

뉴미디어를 이용해 자신을 표현하고 사회적 관계를 만들어 갈 뿐만 아니라 정치적·사회적 이슈에 대해 토론과 논쟁을 벌이는 일이 일상화되었습니다. 그와 함께 상대편을 공격함으로써 정신적 피해를 입히고 심지어는 사회생활을 힘들게 만드는 사이버 폭력 행위도 증가하고 있어요. 악성 댓글에서부터 허위 사실 유포, 신상 털기, 사이버 성폭력, 사이버 따돌림 등에 이르기까지 상대편을 공격하고 괴롭히는 사이버 폭력으로 분류될 수 있는 행위는 다양합니다.

사이버 폭력Cyber-Violence은 디지털 정보 기술에 의해 만들어진 가상공간이란 의미인 '사이버'와 생명체의 정당한 욕구 실현을 방해함으로써 정신적·신체적으로 나쁜 영향을 끼치는 강제적 행위인 '폭력'이란 단어의 합성어입니다. 이를 근거로 간단하게 정의를 내리자면, 사이버 폭력은 네트워크로 연결된 가상공간에서 타인에게 가하는 다양한 유형의 공격 행위를 의미해요. 휴대전화, 컴퓨터, 태블릿 PC, 온라인 게임 기기 등을 이용해 네트워크로 연결된 타인을 정신적으로 괴롭히고 심리적으로 불안하게 만드는 행위들은 모두 사이버 폭력이 될 수 있어요. 사이버 폭력이라는 표현 이외에도 사이버 불링Cyber-Bullying, 사이버 위협Cyber-Threat, 사이버 괴롭힘Cyber-Harassment, 온라인 학대Online Cruelty 등의 명칭으로 불리기도 합니다.

사이버 폭력에는 다음과 같은 것들이 있습니다. 첫째, 사이버 언어폭력입니다. 가장 흔하게 접할 수 있으면서 아마도 가장 오래된 형태의 사이버 폭력일 거예요. 주로 문자를 이용해 상대편을 모욕하는 글을 남기는 악성 댓글이 대표적인 사이버 언어폭력이라고 할 수 있죠.

1인 미디어나 소셜 미디어의 계정에 접속해서 운영자에게 직접 언어폭력을 가하거나 인터넷 신문 기사나 1인 미디어 콘텐츠에 달린 댓글에 제3자에 대한 언어폭력을 남기는 경우도 있습니다. 심한 욕설로 타인의 인격을 훼손하는 댓글을 남길 경우에 한국에서는 모욕죄로 처벌될 수 있어요.

사이버 언어폭력 중에서 최근에는 '증오 발언'Hate Speech 이 심각한 사회문제가 되고 있습니다. 증오 발언은 인종, 민족, 지역, 국적, 성, 종교, 나이, 장애 등 사람의 정체성을 구성하는 요소에 대한 차별적이고 모욕적인 표현을 통해 타인을 공격하는 행위를 말합니다. 주로 사회적 약자가 증오 발언의 대상이 되는 경우가 많아요.

둘째, 사이버 명예훼손입니다. 다른 사람이나 기관의 명예를 훼손하는 글을 불특정 다수가 볼 수 있도록 네트워크로 연결된 공간에서 공개하는 행위가 여기에 해당되죠. 이런 행위는 명예훼손죄로 처벌될 수 있습니다. 이때 글의 내용이 사실인지 거짓인지는 죄의 성립 여부와 관계가 없어요. 글의 내용이 사실이라고 하더라도 공공의 이익과 같은 정당한 이유 없이 글을 게재함으로써 그 글로 인해 타인의 명예가 훼손되었다고 판단되면 처벌을 받습니다. 만약 다른 사람에 대해 거짓된 내용의 글을 불특정 다수가 볼 수 있도록 사이버공간에서 공개했다면 허위 사실 유포에 따른 명예훼손으로 처벌을 받게 됩니다.

셋째, 신상 정보 유출입니다. 흔히 '신상 털기'라는 이름으로 행해지는 사이버 폭력이죠. 사이버공간에서 타인의 이름, 거주지, 재학 중인 학교 등과 같은 신상 정보를 불특정 다수에게 공개하거나 가족이나 연인에 대한 정보 등 사생활에 속하는 내용을 불특정 다수에게 공개하는 경우입니다. 이런 신상 털기도 개인 정보 보호법에 따라 처벌받을 수 있어요. 특히 개인의 신상 정보를 다루는 기관의 공무원이나 직원이 신상 정보를 유출했을 경우에는 법적인 처벌을 받습니다.

넷째, 사이버 따돌림입니다. 흔히 '왕따'로 알려진 집단 따돌림이 사이버공간에서 일어나는 경우죠. 인스턴트 메신저를 이용한 단체 채팅에 초대해 놓고 집단적으로 욕을 퍼붓거나 유령 취급을 하기도 하고, 피해자를 초대한 뒤에 한꺼번에 나가 버리는 식으로 따돌림을 하는 일이 일어납니다. 친구 관계로 연결된 소셜 미디어 사이트에서도 욕을 하거나 무시하는 방식으로 따돌림을 하는 경우가 있습니다.

특정인에 대한 안티 카페를 만들어서 활동하는 것도 사이버 따돌림의 한 종류라고 할 수 있어요. 스마트폰의 '테더링'Tethering 기능을 이용해 피해자의 스마트폰을 와이파이 공유기처럼 사용하는 일명 '와이파이 셔틀'이나 게임 등에 필요한 사이버 머니나 아이템을 갈취하는 행위도 사이버 따돌림에 속합니다. 학생들 사이의 사이버 따돌림은 일반적인 집단 따돌림과 마찬가지로 학교 폭력 예방 및 대책에 대한 법률에 따라 처벌될 수 있습니다.

다섯째, 사이버 스토킹입니다. 사이버 스토킹은 사이버공간에서 타인에게 지속적이고 반복적으로 문자, 사진, 동영상 등을 보내 연락을 취하거나 자신의 존재를 드러냄으로써 공포감이나 불안감을 유발하는 행위를 의미해요. 타인이 거부 의사를 밝혔음에도 문자메시지나 이메일 등을 계속 보내거나 소셜 미디어 페이지에 댓글 등을 남기는 방식으로 사이버 스토킹이 가해집니다. 이런 행위는 정보 통신망법에 따라 처벌받을 수 있습니다.

여섯째, 사이버 성폭력입니다. 사이버 성폭력은 사이버공간에서 상대편의 동의를 얻지 않고 문자나 영상을 이용하여 성적인 묘사, 성적인 비하, 성차별적 표현을 전달하거나 게시함으로써 수치심이나 불쾌감, 위협감을 느끼게 하는 행위를 말해요. 사이버 성희롱이나 사이버 음란물 게시 및 유통 등이 대표적이며, 성폭력범죄의 처벌 및 피해자 보호 등에 관한 법률에 따라 처벌을 받을 수 있습니다.

최근에는 헤어진 연인에게 보복하기 위해 동의하지 않은 성적 영상물을 유포하는 범죄도 심각한 사회문제가 되고 있습니다. 이것은 '리벤지 포르노'Revenge Pornography 사건이라고 불리기도 합니다. 그런데 단지 복수하기 위해서만 이런 영상을 유포하는 것은 아닙니다. 2017년 미국의 사이버인권보호기구Cyber Civil Rights Initiative, CCRI가 조사한 바에 따르면, 대부분의 가해자가 인터넷에서 관심을 끌기 위해, 또는 재미를 위해 성적 영상물을 유포하고 공유했다고 합니다. 한국의 '디지털성범죄아웃'Digital Sexual Crime Out, DSO이란 단체에서는 리벤지 포르노라는 명칭이 피해자에게 잘못을 전가하는 의미를 담고 있기 때문에 사용해서는 안 되며, '유포형 범죄'라고 불러야 한다고 주장합니다. 사이버인권보호기구 역시 이런 불법 촬영 영상을 '비동의 포르노'Non-Consensual pornography, NCP라고 부르고 있습니다.

미국 사이버인권보호기구의 홈페이지

사이버 폭력은 유형이 매우 다양하고 직접적으로 신체에 해를 입히는 물리력을 행사하지는 않기 때문에 초기에는 법에 따라 처벌을 받는 경우가 많지 않았어요. 하지만 뉴미디어의 사용이 일상화되면서 사이버 폭력으로 고통받는 사람들이 증가하고 있습니다. 피해자 가운데 스스로 목숨을 끊는 사람이 나올 정도로 사이버 폭력이 실생활에 끼치는 악영향도 커지고 있습니다. 이에 따라 사이버 폭력에 대한 법적인 처벌도 점차 강화되고 있는 추세입니다.

사이버 폭력에는 특성이 있다

사이버 폭력에는 전통적인 폭력과는 다른 몇 가지 특성이 있습니다. 첫째, 비대면성입니다. 사이버 폭력 사건에서는 가해자와 피해자가 직접 만나지 않습니다. 사이버 폭력은 기본적으로 사이버공간에서 벌어지는 폭력 행위를 의미하기 때문에 가해자와 피해자가 현실공간에서 직접 만나서 발생하는 물리적 폭력과는 달리 문자나 영상과 같은 기호를 이용해서 이뤄지는 폭력입니다. 사이버 폭력의 가해자는 피해자의 신체에 직접 해를 끼치는 것이 아니라 욕설이나 악의적으로 조작된 상징을 이용해 피해자의 심리나 감정에 나쁜 영향을 끼칩니다.

둘째, 익명성입니다. 인터넷을 이용한 사이버공간의 특성상 사이버 폭력의 가해자는 신분이나 얼굴이 드러나지 않는 경우가 대부분이죠. 대부분의 인터넷 사이트나 게시판에서 이용자들은 익명으로 활동하거나 간단한 닉네임만을 공개하면서 활동합니다. 이용자들은 서로 상대편이 누구인지 모르는 상태에서 얼굴을 직접 보지 않고 커뮤니케이션을 하기 때문에 좀 더 쉽게 상대편에게 폭력을 저지를 수 있습니다. 또한 자신의 신분이 드러나지 않기 때문에 현실에서는 체면 등을 이유로 하지 않았던 심한 욕설이나 반사회적인 표현 등도 거리낌 없이 내뱉게 됩니다. 실제로 악

초·중·고등학생의 사이버 폭력 경험

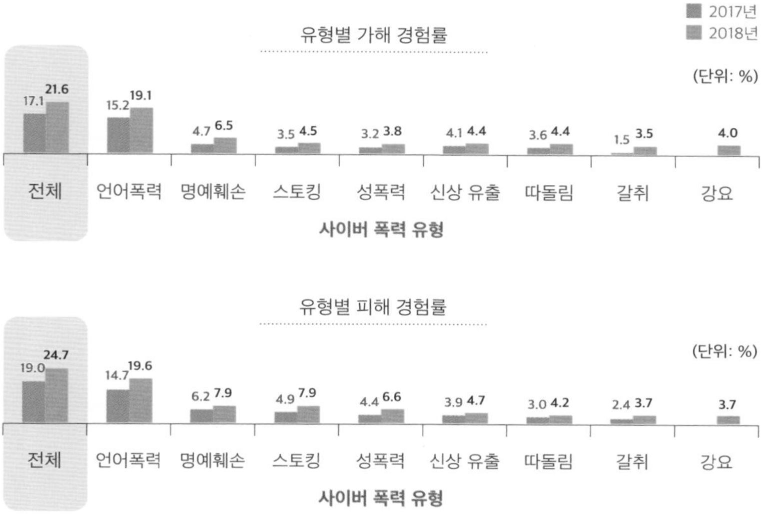

출처: 방송통신위원회 사이버 폭력 실태 조사 결과 발표(2018)

사이버 폭력 가해 행동을 한 공간으로 '채팅, 메신저'가 가장 많았으며, 사이버 폭력의 유형 중 가해·피해 경험 모두에서 언어폭력이 가장 높게 나타났다.

성 댓글을 다는 사람들 중에는 사회적으로 존경받을 만한 지위와 직업을 가진 사람도 많이 있어요.

셋째, 유희성입니다. 사이버 폭력은 놀이처럼 행해지는 경우가 많습니다. 상대편의 신체에 직접 해를 가하는 것이 아니라 문자와 영상 같은 기호를 이용해 상징적 조작을 하는 방식으로 이뤄지는 사이버 폭력의 특성에 따라 말장난으로 상대편을 조롱하면서 재미를 느끼는 경우입니다.

특히 특정 인물이나 지역, 집단을 비하하고 조롱하는 사이버 폭력의 경우 말장난처럼 느껴지는 표현들을 사용합니다. 그래서 그 의미를 잘 모르는 사람들이 단순히 재미있는 유행어라고만 생각하고 사용하면서 널리 퍼뜨리는 일도 일어나곤 하죠. 반사회적인 사이버 폭력이 자주 발생하는 일베와 같은 사이트에서는 특정 인물이나 집단을 비하하고 차별하는 표현들이 일종의 장난이나 놀이처럼 만들어지고 유포됩니다. 사이버 폭력을 놀이라고 인식함에 따라 사이버 폭력이 범죄라는 생각을 하지 못하는 경우도 많습니다.

넷째, 전파성과 영속성입니다. 네트워크로 연결된 사이버공간에서 일어나는 폭력 행위는 매우 빠른 속도로 전파됩니다. 어떤 사람을 공격하는 콘텐츠는 '퍼 나르기', '리트윗', '공유하기' 등을 통해 삽시간에 유포됩니다. 허위 사실이나 불법 촬영물과 같은 악의적인 콘텐츠 외에도 소셜 미디어에 실수로 올린 글이나 영상이 미처 조치를 취하기도 전에 사이버공간에 퍼져 버리죠. 무한한 복사와 공유를 통해 폭력적인 콘텐츠가 빠르게 전파될 뿐만 아니라, 문제의 콘텐츠를 삭제하기가 매우 어렵기 때문에 피해자가 받는 고통은 매우 크고 오래 지속됩니다.

게다가 폭력적인 콘텐츠를 단순히 퍼 나르거나 공유하는 사람

들은 자신이 콘텐츠를 만든 것이 아니기 때문에 자신 또한 폭력의 가해자라는 생각을 하지 못하는 잘못된 경향이 있어요. 이런 이유로 사이버 폭력은 더욱 빠르고 쉽게 확산됩니다.

다섯째, 사이버 폭력에는 피해자의 수동성이란 특성이 있습니다. 사이버 폭력의 피해자들은 자신의 부주의로 폭력이 발생했다고 생각하는 경향이 있습니다. 또 수치심이나 불안감을 느끼기 때문에 폭력에 대해 주위 사람들에게 이야기하거나 신고하는 것을 주저하는 경우가 많습니다. 특히 청소년의 경우에는 사이버 폭력에 대해 이야기했을 때 부모님이나 선생님에게 야단을 맞고 컴퓨

터나 스마트폰을 사용하지 못하게 될까 두려워서 피해 사실을 말하지 못하는 일조차 있죠.

그렇다면 사이버 폭력이 발생하는 원인에는 어떤 것들이 있을까요? 먼저, 사이버 폭력이 다른 폭력들보다 좀 더 쉽게 발생하는 원인으로는 사이버공간의 비대면성과 익명성을 들 수 있습니다. 앞에서 사이버 폭력의 특성을 이야기할 때 언급한 것이기도 한데요, 사람들을 직접 보지 않고 가해자가 누구인지도 잘 드러나지 않는 상황이기 때문에 아무래도 심리적으로 좀 더 편한 상태에서 폭력 행위를 저지를 가능성이 커집니다.

또한 사이버공간에서 이뤄지는 커뮤니케이션은 대개 문자를 이용하는데요, 문자로는 미묘한 감정을 전달하기 어려울 때가 많습니다. 그러다 보니 얼굴을 보고 말로 할 때에는 별문제 없는 평범한 문장도 온라인에서는 쉽게 공격적인 표현으로 인식되어 나쁜 감정을 유발하기도 하죠.

개인적 성격이나 성향도 사이버 폭력의 발생에 영향을 끼치는 요소입니다. 자기통제력이 낮고 충동성이 큰 사람일수록 폭력적인 행위를 할 가능성이 큽니다. 또한 사이버공간에서의 활동을 놀이나 오락으로 생각하는 경향이 큰 사람일수록 사이버 폭력을 저지를 가능성이 큽니다. 이것은 사이버 폭력이 유희적 성격을 갖게 되는 이유이기도 하죠.

마지막으로, 집단이 원인이 될 수도 있습니다. 사이버공간에서 이용자가 속해 있는 집단이 다른 의견을 잘 받아들이지 않는 폐쇄적 집단이라면 사이버 폭력을 일으킬 가능성이 큽니다. 비슷한 의견을 가진 사람들만 모여서 집단을 이루게 되면 다른 의견들에 대해 배타적인 태도를 갖고, 자신들의 집단 안에서 극단적인 의견을 형성하기 쉽습니다. 이런 경우, 다른 의견을 가진 사람이나 집단에 사이버 폭력을 가할 가능성이 커집니다.

2.

가짜 뉴스, 팩트 체크하셨습니까?

교황이 트럼프를 지지했다고?

네트워크로 연결된 뉴미디어를 이용하면 우리는 누구나 자신의 생각을 불특정 다수의 사람에게 빠르고 쉽게 전파할 수 있습니다. 특히 인스턴트 메신저, 1인 미디어, 소셜 미디어와 같은 뉴미디어는 단순히 개인의 감정이나 일상생활을 표현하고 전달하는 것에 그치지 않고 공적인 이슈에 대한 정보를 다수의 사람에게 전파하는 일을 하고 있죠.

그런데 뉴미디어를 통해 사회적으로 유통되는 정보 중에는 사실이 아닌 거짓도 많이 있습니다. 1인 미디어와 소셜 미디어가 대중화되기 시작한 2010년 이후에는 뉴미디어를 통해 유포되는 거짓 정보 중에서 '가짜 뉴스'라고 하는 것이 사회적으로 큰 문제가 되고 있습니다. 영국의 사전 출판사인 하퍼콜린스에서 '2017년 올해의 단어'로 '가짜 뉴스'Fake News를 선정했을 정도입니다.

거짓말은 인류 역사의 모든 시대와 사회에서 발견되는 보편적 현상입니다. "다음에 밥 한번 같이 먹죠."처럼 일상생활 속에서 인사치레로 하는 가벼운 거짓말에서부터 특별한 목적을 갖고 상대편을 속이기 위해 퍼뜨리는 거짓 정보에 이르기까지 다양한 거짓

말이 있어 왔죠. 그런데 가짜 뉴스가 문제가 되는 것은 뉴미디어의 사용과 관련해 나타난 독특한 현상이면서 사회적으로 큰 파장을 불러일으키기 때문입니다.

가짜 뉴스는 단순한 거짓말이 아닙니다. 정치적이거나 경제적인 목적으로 다른 사람을 속이기 위해 언론 보도의 형식으로 만들어지는, 사실처럼 위장한 거짓 정보입니다. 과거에도 가짜 뉴스는 존재했지만 전파되기가 쉽지 않았고 비교적 쉽게 사실 여부가 드러났죠.

뉴미디어의 사용이 일반화되면서 가짜 뉴스는 좀 더 쉽게 만들어지고 빨리 유포될 뿐만 아니라 진위 여부를 분간하기가 어려워졌어요. 정치적·경제적 목적을 위해 타인을 속이고자 하는 사람들의 의도와 디지털 정보 기술을 기반으로 한 뉴미디어가 만나면서 가짜 뉴스가 곳곳에서 만들어지기 시작했죠. 허위의 내용을 언론의 뉴스인 것처럼 위장해 뉴미디어를 통해 유포하는 가짜 뉴스 제작이 유행하고 있습니다. 특히 1인 미디어와 소셜 미디어는 가짜 뉴스가 생산되고 유통되는 주요한 플랫폼이 되고 있어요.

가짜 뉴스가 사람들의 관심을 끌기 시작한 것은 2016년 미국 대통령 선거 기간 중에 가짜 뉴스들이 많이 유포되고 실제로 선거에 영향력을 발휘했을 때부터입니다. 당시 미국에서는 "교황이 트럼프 후보자를 지지했다, 힐러리 후보자가 이슬람 무장 단체인 IS

Pope Francis Shocks World, Endorses Donald Trump for President, Releases Statement

TOPICS: Pope Francis Endorses Donald Trump

'프란치스코 교황, 트럼프 지지해 전 세계를 놀라게 하다'라는 제목의 가짜 뉴스에 삽입된 이미지. 이 사건 이후 교황은 "가짜 뉴스는 가십거리를 좇는 언론의 배설물에 불과하다."라며 현혹되지 말 것을 강조했다.

에 무기를 팔았다." 등과 같은 소식들이 언론사의 뉴스 형태로 만들어졌고, 소셜 미디어 등을 통해 빠르게 퍼져 나갔습니다.

또한 러시아에서 '뉴스 봇'이라는 인공지능 장치를 이용해 러시아에 유리하지 않은 정치인들을 공격하는 가짜 뉴스를 만들어 유포했다는 의혹도 제기되었습니다. 유럽 발칸반도의 마케도니아에 사는 10대 후반의 청소년은 트럼프 후보자를 지지하는 사이트를 만들고 가짜 뉴스를 만들어 유포했는데, 미국의 트럼프 지지자들이 이 사이트에서 제작된 가짜 뉴스들을 인터넷 게시판이나 소셜 미디어를 통해 마구 퍼 나르고 공유하면서 이 사이트는 4개월 동안 1만 6000달러의 광고 수입을 얻기도 했죠.

미국의 뉴스와 엔터테인먼트 콘텐츠 제작사인 버즈피드가 2016년 미국 대통령 선거 직전 3개월 동안 페이스북에서 가장 많이 사용한 20개의 가짜 뉴스와 진짜 뉴스를 비교한 결과에 따르면, 가짜 뉴스에 달린 공감과 댓글, 공유는 870만 회로 진짜 뉴스의 740만 회보다 훨씬 더 많았습니다.

한국에서도 2016년과 2017년에 걸쳐 박근혜 대통령의 탄핵이 진행되고 대통령 선거가 실시되는 동안 수많은 가짜 뉴스가 생산, 유통되어 사회적 문제가 되었습니다. 특히 박근혜 대통령을 지지하는 미디어워치, 프리덤뉴스, 노컷일베 등과 같은 사이트에서 만들어 낸 많은 가짜 뉴스가 카카오톡, 트위터, 페이스북 등과 같은 플랫폼을 통해 빠르게 유포되었습니다. 박근혜 대통령 탄핵을 유발한 이른바 '최순실 태블릿 PC'는 조작된 것이라든가, 헌법재판소의 재판관들이 편파적이고 졸속으로 판결을 진행하고 있다든가, 문재인 후보자의 아버지가 북한군 출신이라든가 하는 가짜 뉴스

2018년 1월 29일 공개된 BBC 다큐멘터리 영상. 청력 개선 수술 방법을 소개하는 내용이다. (왼쪽)
이 영상의 캡처 사진이 엉뚱한 자막을 달고 알츠하이머병 관련 영상 사진으로 둔갑해 인터넷 커뮤니티에 퍼져 나갔다. (오른쪽)

들이 제작되어 널리 퍼졌죠.

2019년에는 알츠하이머가 질병이 아니라 단순한 노화 현상이기 때문에 더 이상 치매 연구를 할 필요가 없다는 가짜 뉴스가 유포되어 치매 환자들과 가족들에게 상처를 준 일도 있었어요. 이 가짜 뉴스는 기존의 다큐멘터리 영상들을 이용해 자막만 바꾸는 방식으로 정교하게 제작되었기 때문에 주의를 기울이지 않으면 진실처럼 보입니다. 가짜 뉴스들이 기승을 부리자 기성 언론사들과 1인 미디어에서 가짜 뉴스를 검증하는 '팩트 체크'Fact Check 라는 콘텐츠를 만드는 것이 유행할 정도입니다.

여기도 가짜 뉴스, 저기도 가짜 뉴스

가짜 뉴스는 사실 특정한 정치적 목적을 달성하기 위해 오래 전부터 만들어지고 이용되어 왔습니다. 제1차 세계대전이 한창이던 1917년 영국의 신문들은 독일에 시체 공장이 있는데, 그곳에서 전사한 병사들의 시체에서 뽑아낸 글리세린으로 비누와 마가린을 만들고 있다고 보도했어요. 독일에 대한 적개심을 불러일으키기 위해 조작된 뉴스였죠. 1923년 일본에서 관동대지진(간토대지진)이 일어났을 때 일본 정부는 사람들의 불만을 다른 곳으로 돌리기 위해 한국인과 사회주의자들이 폭동을 일으키려 한다는 가짜 정보를 퍼뜨렸습니다. 이로 인해 일본인 자경단에 의해 수많은 한국인이 학살되는 끔찍한 일이 벌어

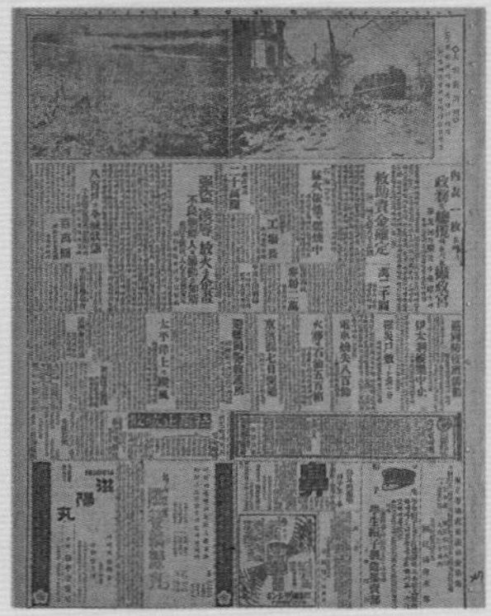

1923년 9월 10일 자 「매일신보」에는 "관동대지진 당시 조선인들이 폭동을 조장하고 있다."라고 거짓 내용을 담은 기사가 실렸다.

졌습니다.

오래전부터 만들어져 오던 가짜 뉴스가 뉴미디어 시대에 와서 사회적 문제가 될 정도로 넘쳐 나고 있는 것은 기본적으로는 뉴스 제작을 위한 기술적 장벽이 무너졌기 때문입니다. 과거에는 뉴스를 제작하고 유포하려면 신문사나 방송사와 같은 매스미디어 조직을 이용해야 했어요. 신문을 인쇄해 발행하거나 방송 프로그램을 제작해 방송하는 것은 많은 돈과 장비, 전문 인력이 필요한 일이었죠. 신문이나 방송을 통하지 않고 입소문으로 가짜 뉴스를 퍼뜨리는 것은 성공 가능성이 적고 시간이 많이 걸리는 일이었습니다. 하지만 뉴미디어를 이용해 콘텐츠를 만들고 유포하는 것은 많은 돈이나 장비 없이도 혼자서 짧은 시간에 할 수 있기 때문에 가짜 뉴스를 만드는 일이 쉬워졌죠.

게다가 뉴미디어 환경에서는 뉴스의 생산과 유통이 분리되어 있습니다. 매스미디어에서 뉴스를 만드는 주체와 유통하는 주체는 동일합니다. 신문 뉴스의 경우는 신문사의 기자가 기사를 작성해서 종이에 인쇄한 뒤에 신문사의 배급망을 통해 독자에게 전달합니다. 방송 뉴스일 때는 방송사의 기자가 제작한 뉴스 프로그램을 방송사의 전송망을 통해 시청자에게 송출하죠.

하지만 뉴미디어의 경우에는 다양한 종류의 언론사, 1인 미디어 운영자, 또는 게시판 이용자, 심지어는 뉴스 봇과 같은 인공지능 프로그램 등이 뉴스를 제작하는 주체가 됩니다. 이들이 제작한 뉴스는 언론사 사이트 외에도 네이버나 다음과 같은 포털 사이트, 구글과 같은 검색 사이트, 유튜브 같은 1인 미디어 플랫폼, 페이스북 같은 소셜 미디어 플랫폼 등을 통해 유통됩니다. 다양한 주체들이 만든 수많은 뉴스가 특별한 구분 없이 인터넷으로 연결된 뉴미디어 플랫폼들을 통해 유통되는 것이죠. 포털 사이트나 소셜 미디어에서는 기존의 유명한 언론사가 제작한 뉴스나 개인이 제작한 뉴스 모두 동등한 뉴스로 취급되어 유통됩니다. 빅데이터를 기반으로 개인 맞춤형 서비스를 제공하는 포털이나 소셜 미디어, 1인 미디어 사이트는 진짜 뉴스와 가짜 뉴스의 구분 없이 이용자 개인의 성향에 맞는 뉴스를 추천하죠.

뉴스를 제작하는 주체들이 다양해지고 경쟁이 심해짐에 따라 뉴미디어 환경에서의 언론 시장이 극단적으로 상업화되고 있는 것도 수많은 가짜 뉴스가 만들어지는 원인이라고 할 수 있어요. 과거의 매스미디어 환경에서는 언론사의 수가 한정되어 있었기 때문에 상대적으로 경쟁이 치열하지 않았습니다. 공정성, 객관성, 사실 보도와 같은 언론의 윤리를 이윤 추구와 같은 상업적 목적보다는 항상 먼저 고려하고 중요시했죠.

하지만 뉴스를 제작하는 셀 수 없이 많은 주체가 있고 조회 수와 구독자 수에 따른 광고 수입으로 우열이 판가름 나는 뉴미디어

환경에서는 모두가 남을 이겨야만 살아남는 생존경쟁에 내몰리고 있습니다. 오직 더 많은 조회 수를 올릴 수 있는 콘텐츠를 만드는 것만이 생존하는 길이기 때문에 언론이 지켜야 할 윤리는 더 이상 중요한 고려 대상이 아닙니다. 특정한 정치적 성향이나 이념을 강조하는 내용을 담은 가짜 뉴스는 논란을 일으키는 경우가 많기 때문에 조회 수를 올리는 데 유리합니다.

실제로 소셜 미디어에서는 극단적인 내용을 담은 기사가 객관적이고 중립적인 내용의 기사보다 훨씬 더 많이 공유되고 전파되는 경향이 있어요. 주요 언론사조차도 가짜 뉴스를 만들지는 않더

라도 조회 수가 늘어나도록 사건 내용과는 직접 관련이 없는 선정적인 제목과 내용의 뉴스를 제작하기도 합니다. 또 뉴스를 기계적으로 베껴 쓰고 동일한 뉴스를 반복적으로 전송하는 '어뷰징'Abusing 행위도 일어나죠.

특정한 정치적 성향을 담고 있는 가짜 뉴스가 객관적 보도를 하는 진짜 뉴스보다 조회 수가 높은 것은 사람들이 자신이 보고 싶고 듣고 싶은 것만을 소비하고자 하는 확증 편향을 갖고 있기 때문이에요. 사람들은 자신의 생각과 다른 의견을 접하면 심리적인 불편함을 느낍니다. 인지 부조화가 발생하기 때문이죠.

인지 부조화를 해소하기 위해서는 자신의 의견과 일치하는 정보를 접하거나 일치하지 않는 정보를 부정해야 합니다. 자기 의견과 일치하는 정보는 심리적인 편안함을 주기 때문에 심지어는 가짜 뉴스라는 것을 알면서도 찾아서 봅니다. 그러고는 단순히 자신의 의견과 일치하는 뉴스가 진짜 뉴스라고 생각하고 일치하지 않는 뉴스는 가짜 뉴스라고 생각해 버립니다.

정치적으로 확고하게 편향된 의견을 가진 사람일수록 자기 의견과 일치하는 정보를 주는 가짜 뉴스를 적극적으로 찾아 소비하려는 경향이 있어요. 빅데이터를 이용한 검색 프로그램의 알고리즘이 이용자의 이런 경향을 파악하면 항상 유사한 가짜 뉴스들만을 추천하게 되죠. 가짜 뉴스 제작자들은 바로 이러한 점을 이용해 정치적이거나 경제적인 목적을 달성하고자 합니다.

가짜 뉴스만 보고 산다면

가짜 뉴스는 거짓된 정보를 전달하기 때문에 사람들이 사회에서 공적으로 유통되는 정보를 믿고 생활할 수 없도록 만듭니다. 한마디로 신뢰할 수 없는 사회를 만드는 것이죠. 이런 현상이 심해지면 사람들은 정부가 하는 말을 믿지 못하고 공공 기관이 하는 일을 믿지 못하며 다른 사람이 하는 행동도 믿지 못하게 됩니다. 뉴스를 통해서 공적인 사안에 대한 정보를 접하는 것은 공론장을 형성하고 민주주의 활동에 참여하는 일의 토대가 됩니다. 그런데 가짜 뉴스가 범람하고 진위 여부를 판단하기가 어려워진다면 민주주의 체제에도 큰 위협이 될 수밖에 없어요.

실제로 미국의 비영리 여론조사 기관인 퓨리서치센터의 2016년 조사에 따르면, 미국 성인의 64퍼센트가 가짜 뉴스 때문에 사회에서 일어나는 일에 대해 의심을 갖게 되었다고 대답했습니다. 국제 인권 단체인 프리덤하우스에서도 2017년 가짜 뉴스가 세계

각국에서 진행된 선거에 영향을 끼쳤다고 평가했습니다. 한국언론진흥재단의 2017년 조사에서도 조사 대상자의 75.9퍼센트가 가짜 뉴스 때문에 진짜 뉴스를 볼 때도 가짜가 아닌지 의심한다고 대답했어요.

가짜 뉴스의 범람으로 기존 언론사가 제작하는 뉴스에 대한 신뢰도도 점점 낮아지고 있습니다. 특히 자신의 정치적 의견에 반대하는 뉴스를 가짜 뉴스라고 판정하는 사람들의 경우에 이런 경향은 더 크게 나타납니다. 트위터나 페이스북 같은 소셜 미디어를 정치에 적극적으로 이용하는 미국의 트럼프 대통령처럼 수많은 팔로어를 거느린 개인이 스스로 뉴스를 생산하면서 기존 언론사의 뉴스를 가짜 뉴스라고 공격하는 일도 있어요. 트럼프 대통령은 「뉴욕 타임스」나 CNN 같은 전통적인 언론사가 전달하는 가짜 뉴스를 믿지 말고 자신이 소셜 미디어를 통해 전달하는 내용을 믿으라고 주장하기까지 했습니다. 이렇게 대통령처럼 영향력이 큰 정치인이 언론사의 뉴스를 가짜 뉴스라고 공격하는 상황에서 시민들이 진짜와 가짜 사이의 경계를 구분하는 일은 점점 더 어려워지고 있어요.

가짜 뉴스는 이념적 대립과 정치적·사회적 양극화 현상을 악화시킵니다. 현재 10대와 20대 청년의 절대다수가 유튜브 같은 1인 미디어 콘텐츠를 즐깁니다. 아마 여러분도 신문이나 텔레비전 방송을 주로 보지는 않을 거예요. 하지만 자신이 좋아하는 콘텐츠를 제공하는 유튜브 채널은 구독해 날마다 접하겠죠.

유튜브 채널과 같은 1인 미디어는 사용자가 좋아하는 콘텐츠를 선택해서 보는 방식으로 이용됩니다. 정치적이고 사회적인 이슈를 다루는 1인 미디어의 경우에 내가 좋아하고 구독하는 채널들은 내 의견에 동조하는 콘텐츠를 제공하는 것들이겠죠. 콘텐츠가 진짜 뉴스인지 가짜 뉴스인지는 중요하지 않습니다. 결국, 좋아하는 콘텐츠만을 접하는 선택적 노출 방식으로 1인 미디어를 이용하기 때문에 자신이 가진 의견 외에 다른 의견들은 받아들이지 못하

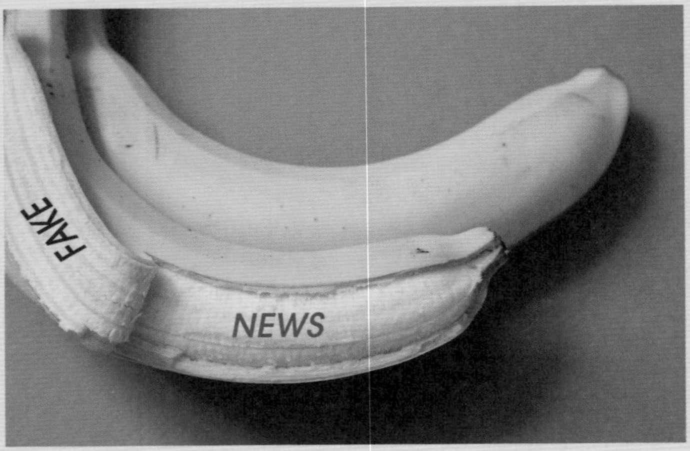

는 상태에 빠지기 쉽습니다. 자신의 의견에 동조하는 콘텐츠를 소셜 미디어를 통해 공유하고 퍼 나르면서 이런 경향은 점점 더 강화되죠.

가짜 뉴스가 끼치는 사회적 해악이 이처럼 크기 때문에 여러 국가와 뉴미디어 사업자들은 가짜 뉴스의 제작과 유통을 막는 규제 조치를 만들고 있습니다. 가짜 뉴스를 제작하거나 유통시킨 사람은 벌금형이나 징역형으로 처벌하고 가짜 뉴스를 삭제하지 않고 방치하는 뉴미디어 사업자들에게는 큰 벌금을 매기는 법들이 만들어지고 있어요.

그런데 가짜 뉴스의 제작자와 유통자를 국가 차원에서 법으로 강력하게 처벌하는 것은 표현의 자유와 공론장 형성을 억압할 수 있다는 점이 문제로 지적됩니다. 표현의 자유를 보장하기 위해서는 가짜 뉴스의 제작과 유포도 허용하고 공론장 안에서의 자유롭고 합리적인 토론을 통해 자연스럽게 가짜 뉴스가 사라지도록 하는 것이 바람직하다고 말하는 사람도 많아요.

실제로 가짜 뉴스를 법으로 규제할 경우에 가짜 뉴스를 판정하는 과정에서 정치적 이해관계가 개입할 우려가 있습니다. 각 정당과 정파마다 자신의 의견과 반대되는 뉴스를 가짜 뉴스라고 판정 내릴 수 있는 것이죠. 이럴 경우 가짜 뉴스에 대한 법적인 규제는 사실상 정치적 의견을 표현할 수 있는 자유를 억압하는 결과로 이어질 수 있습니다.

3. 왜 뉴미디어에 중독되는 걸까?

내가 바로 노모포비아?

뉴미디어는 언제 어디에서나 손쉽게 다양한 정보와 오락을 즐길 수 있도록 해 주는 매우 편리한 미디어입니다. 특히 스마트폰과 같은 개인용 뉴미디어 기기는 인터넷을 이용한 정보 검색, 인스턴트 메신저와 소셜 미디어의 이용은 물론이고, 글을 쓰고 그림을 그리거나 사진과 동영상을 촬영하는 창작 활동을 지원합니다. 뿐만 아니라 음악, 영화, 웹툰, 게임 등의 다양한 오락적 콘텐츠를 즐길 수 있게 해 줍니다. 한마디로 인터넷에 연결된 스마트폰만 있으면 언제 어디에 있더라도 지루할 틈이 없을 정도로 즐겁게 시간을 보낼 수 있죠. 이처럼 뉴미디어는 엄청난 편리함과 즐거움을 제공하기 때문에 뉴미디어를 이용하는 사람들 중에는 중독이라고 할 수 있을 정도로 뉴미디어에 높은 의존성을 보이는 경우가 늘고 있어요. 특히 나이가 어릴수록 뉴미디어 의존도가 높게 나타나는 경향이 있어서 청소년의 뉴미디어 중독이 사회적으로 중요하게 다뤄지고 있습니다.

본래 '중독'이란 특정한 물질을 사용하는 과정에서 물질에 정신적·신체적으로 몰입하게 됨으로써 그 물질의 사용에 대한 통제력을 잃고 지속적으로 사용하면서 자신과 타인에게 피해를 입히

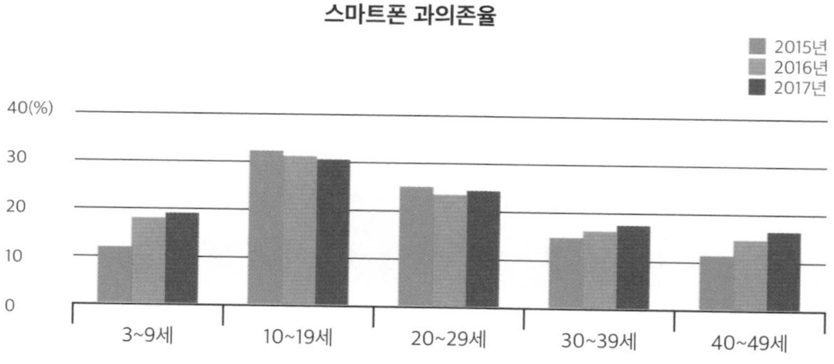

출처: 과학기술정보통신부 한국정보화진흥원, 「스마트폰 과의존 실태 조사」

2017년 우리나라 국민의 스마트폰 과의존율은 18.6퍼센트로 전년보다 0.8퍼센트포인트 증가했다. 청소년(10~19세)이 30.3퍼센트로 가장 높고, 다음으로는 20대 23.6퍼센트, 유아동(3~9세) 19.1퍼센트순으로 나타났다.

는 상태를 말합니다. 알코올 중독(알코올 의존증), 니코틴 중독, 마약 중독 같은 경우가 우리가 흔히 접하는 물질 중독의 사례죠. 중독에는 물질 중독만 있는 것이 아니라 행동 중독도 있습니다. 행동 중독은 특정한 행동에 대해 통제력을 잃고 지속해서 그 행동에 몰입하는 것이에요. 도박 중독, 쇼핑 중독, 운동 중독 같은 경우가 바로 대표적인 행동 중독의 사례입니다. 뉴미디어 중독은 행동 중독의 하나라고 볼 수 있어요.

뉴미디어의 사용과 관련해 중독 개념이 처음으로 등장한 것은 1995년입니다. 당시 지나친 인터넷 사용으로 생긴 의존 증상을 '인터넷 중독'이라고 불렀습니다. 이후에 뉴미디어의 종류가 다양해지고 사용이 일반화되면서 게임 중독, SNS 중독, 웹툰 중독, 스마트폰 중독 같은 말이 생겨났어요. 2019년에 세계보건기구WHO에서 게임 중독을 질병으로 규정하도록 권고할 정도로 뉴미디어 중독은 이제 현대사회가 해결해야 할 중요한 문제가 되었습니다.

단순히 어떤 물질이나 활동을 좋아한다고 해서 중독이 되었다고 할 수는 없어요. 중독은 특정한 물질이나 활동에 지나치게 몰입함으로써 사용에 대한 통제력을 잃고서 생리적 또는 심리적으로 의존하게 되는 것입니다. 예를 들어, 이용자의 강력한 몰입을 유발하는 온라인 게임은 질병으로 분류될 정도로 중독성이 매우 높은 뉴미디어입니다. 하지만 단지 온라인 게임을 좋아하거나 많

이 한다고 해서 중독이라고 할 수는 없습니다. 프로게이머 같은 경우 엄청나게 많은 시간을 게임에 투자하지만 게임에 중독되었다고 하지는 않죠. 온라인 게임을 시작하거나 중단하는 것을 자기 의지로 결정하기 어렵다거나, 온라인 게임을 중단했을 때 일상생활에 어려움을 느낄 정도로 우울감이나 불안감을 느낀다면 중독이라고 할 수 있어요. 이런 게임 중독은 자기 자신만이 아니라 타인에게 해를 끼치기도 합니다. 실제로 2014년 인터넷 게임에 몰두한 나머지 자신의 어린 아이를 집에 방치해 두고 계속 게임만 하다가 결국 아이를 숨지게 만든 사건이 발생하기도 했습니다.

2010년 이후 스마트폰이 생활필수품이 되면서 잠자는 시간 외에는 계속 스마트폰과 함께 생활하는 사람들이 늘고 있습니다. 이에 따라 스마트폰 중독이라고 부를 만한 현상도 증가하고 있어요. 어떤 사람들은 스마트폰을 자기 분신처럼 여기면서 잠시라도 스마트폰에서 떨어지기 싫어하고, 스마트폰이 없거나 배터리가 부족해 쓸 수 없게 되면 큰 불안감에 휩싸이기도 하죠. 스마트폰을 계속 사용하면 눈이 아프거나 시력이 저하되고 두통과 피로감을 느끼는 등 신체적인 무리에 따른 증상들이 나타납니다. 또 스마트폰을 보면서 길을 걷다가 사고를 당하기도 하지만, 스마트폰을 쓰지 않으면 무기력감, 불안감, 고립감 등을 느끼기 때문에 계속 사용하는 사람도 많습니다. 스마트폰이 없으면 느끼는 불안감과 공포감을 노No +모Mobile Phone +포비아Phobia, 즉 '노모포비아'Nomophobia 라고 부르기도 해요.

스마트폰을 처음 사용하기 시작하는 나이대도 점점 어려지고 있어요. 부모들이 나이 어린 아기를 돌보기 힘들 때 스마트폰을 보여 주는 경우가 많습니다. 아기가 스마트폰의 자극적인 소리와 영상에 몰입하면 돌보기가 한결 쉬워지기 때문이죠. 그런데 아기들은 아직 뇌가 충분히 발달하지 않았기 때문에 스마트폰 영상에 몰입하는 시간이 길어질수록 충동적이거나 공격적 행위, 우울감이나 퇴행적 행위가 증가할 수 있어요. 실제로 어렸을 때 스마트폰이나 태블릿 PC 등을 많이 사용한 아이들의 경우에는 주의력 결핍 과잉 행동 장애ADHD가 나타날 위험이 높다는 것을 지적하는 연구가 많습니다.

소셜 미디어의 사용도 중독 현상이 나타나는 대표적인 행동입니다. 소셜 미디어는 타인들과 안전한 방식으로 사회적 관계를 맺고 유지할 수 있도록 해 주는 플랫폼입니다. 직접 만나야 한다는 부담감 없이 사람들이 사는 모습을 관찰할 수도 있고, 새로운 정

보도 습득할 수 있으며, 자기노출을 통해 심리적 안정감을 얻을 수도 있어서 여러 가지 만족감과 즐거움을 주죠.

소셜 미디어는 '좋아요'나 댓글 같은 기능을 이용해 상대편의 게시물에 자신의 흔적을 남기고 내 게시물에 기록되는 타인의 흔적을 확인하는 방식으로 이용됩니다. 소셜 미디어의 이용에 대한 연구들에 따르면, 이용자는 타인의 게시물에서 자신이 필요한 정보를 발견했을 때와 자신의 게시물에 대해 타인이 긍정적 반응을 남겼을 때 심리적 쾌락을 느낀다고 해요. 이 즐거움을 계속 느끼기 위해 이용자는 쉴 새 없이 소셜 미디어에 게시물을 올리면서 반응을 확인하고 타인의 게시물들을 보려고 합니다. 소셜 미디어에 게시물을 계속 올리거나 확인하지 못하면 타인들과의 사회적 관계에서 배제된다는 불안감을 느끼기 때문이죠. 이처럼 타인들과 끊임없이 연결되어 있고자 하는 욕구가 충족되지 못했을 때 발생하는 불안감을 '포모 증후군'Fear of Missing Out, FOMO 이라고 합니다.

중독이 심할 경우에는 뉴미디어를 강박적으로 사용하거나 뉴미디어에 집착하게 되고 더 강한 자극을 주는 콘텐츠를 찾는 현상이 나타납니다. 또한 뉴미디어를 사용할 수 없게 되면 다양한 부정적 감정을 느끼는 일종의 금단증상이 나타나고 일상생활을 하는 데 장애가 발생하기도 해요. 심각할 경우에는 일탈 행동을 하거나 현실과 가상 세계를 구분하는 데 어려움을 겪기도 하죠.

청소년의 경우에는 부모, 교사, 친구들과의 관계에서 갈등이 발생하고 성적이 떨어지는 등의 문제가 생기기도 합니다. 뿐만 아니라 사이버 폭력이나 도박, 사기 등과 같은 일탈 행위를 저지르기도 해요. 특히 폭력적인 온라인 게임에 중독되면 일상생활에서의 올바른 행동이 무엇인지 도덕적 판단 능력이 떨어질 수 있습니다. 이런 경우 일탈 행위를 하기가 더욱 쉬워지기 때문에 조심해야 합니다.

뉴미디어 중독의 이유는 다양하다

어떤 물질이나 활동에 중독이 되려면 먼저 그것을 이용하려는 동기를 갖고 있어야 합니다. 강제로 중독이 될 수도 있겠지만 대부분의 경우에는 사람들이 스스로 특정한 물질이나 활동을 선택해 이용함으로써 중독이 발생하기 때문이죠. 따라서 뉴미디어 중독이 발생하는 이유와 해결 방법을 알고자 한다면 먼저 사람들이 왜 중독될 정도로 몰입해서 뉴미디어를 이용하는지를 분석해야 해요. 예를 들어, 청소년의 게임 중독을 해결하고자 한다면 왜 청소년이 게임을 하는지 먼저 생각해 봐야 합니다. 그동안의 연구들에 따르면, 뉴미디어를 이용하는 동기 중에서 중독과 연관성이 있는 것들은 다음과 같습니다.

첫째, 정보를 얻거나 사회적으로 상호작용을 하고자 하는 동기입니다. 이것은 스마트폰이나 소셜 미디어에 중독되는 현상과 관계가 있습니다. 정보를 얻거나 다른 사람들과 관계를 맺고 유지하기 위해 뉴미디어를 이용하다가 몰입과 집착을 하게 되는 경우라고 할 수 있죠.

둘째, 시간 보내기와 오락의 동기입니다. 주로 1인 미디어나 웹툰에 중독되는 현상과 관련이 있습니다. 휴식을 취하거나 즐거움을 얻기 위해 1인 미디어 콘텐츠나 웹툰을 즐기다가 역시 몰입

과 집착에 빠지게 되는 경우죠.

셋째, 현실도피의 동기가 있습니다. 이것은 주로 온라인 게임 중독과 연관되어 있는 동기인데요, 특히 게임에 중독된 사람의 경우에 현실에서 도피하고자 하는 동기를 가진 경우가 많습니다.

인간이 기본적으로 갖고 있는 심리적 욕구도 뉴미디어 중독과 일정한 관계가 있어요. 미국의 심리학자 에드워드 데시와 리처드 라이언의 자기 결정 이론에 따르면, 인간은 '자율성, 관계성, 유능성'이라는 기본 심리 욕구를 갖고 있습니다. 자율성은 자신의 행동을 스스로 선택하고 조절하고자 하는 감정이고, 관계성은 타인과 교류하면서 조화로운 관계를 이루려는 감정이에요. 유능성은 자신의 수준에 맞는 과제를 수행하면서 자기가 유능하다고 느끼고자 하는 감정입니다.

인간은 기본 심리 욕구가 충족될 때 자신이 스스로 행동을 통제하면서 성장한다는 온전한 자기 결정의 감정을 경험합니다. 기본 심리 욕구가 충족되는 정도가 낮을수록 뉴미디어에 중독될 가능성이 커집니다. 예를 들어, 현실에서 자율성과 관계성의 욕구가 충족되는 정도가 낮은 청소년일수록 온라인 게임에 중독될 위험이 높다고 해요. 현실에서 잘 충족되지 않았던 욕구를 온라인 게임 같은 가상 세계에서 충족하고자 하기 때문이죠.

사람들은 각자 다양한 동기로 여러 욕구를 충족하기 위해 뉴미디어를 이용합니다. 일반적으로는 성격이 내성적이고 외로움을 잘 타는 사람일수록 뉴미디어에 중독될 가능성이 크다고 생각하는 경향이 있지만, 성격이 외향적이고 적극적으로 활동하는 사람도 뉴미디어에 중독될 수 있어요. 내성적인 사람이 뉴미디어를 이용하는 동기와 외향적인 사람이 뉴미디어를 이용하는 동기는 다릅니다.

예를 들어 소셜 미디어를 이용할 때, 내성적인 사람은 현실에서 부족한 사회성을 보상하기 위해 가상 세계에서 사회적 관계를 만드는 일에 몰입하고 집착하면서 중독될 수 있습니다. 반면에 외

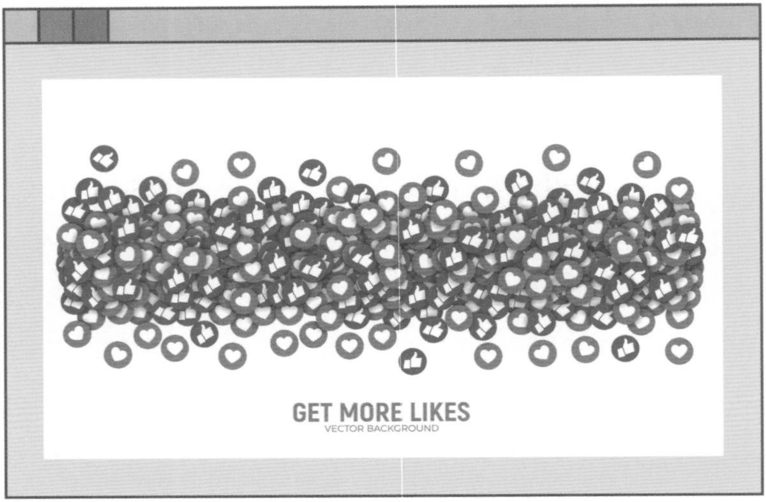

향적인 사람은 자신을 적극적으로 노출하고 사회적 관계를 가상 세계에서 더 크게 확장하면서 느끼는 쾌감 때문에 중독이 될 수 있습니다.

사회적 환경도 뉴미디어 중독에 영향을 끼칩니다. 인터넷이 동일한 수준으로 잘 구축되어 있고 스마트폰 보급률이 높은 국가들 사이에서 뉴미디어 중독 현상이 다르게 나타나기도 해요. 예를 들어, 북유럽 국가들에서는 한국에서만큼 뉴미디어 중독 문제를 심각하게 다루지 않습니다. 한국에서는 북유럽 국가들보다 특히 청소년의 뉴미디어 중독을 심각한 사회문제로 다루고 있죠. 한국에는 인터넷 중독 진단, 온라인 게임 중독 진단, 스마트폰 중독 진단을 스스로 할 수 있는 진단 지수가 개발 및 공개되어 있어 누구나 사용할 수 있습니다. 또한 전국 각지에 뉴미디어 중독과 관련된 진단, 예방, 치료 센터가 운영되고 있습니다. 그만큼 사회적으로 뉴미디어 중독을 심각하게 바라보고 있다는 뜻이죠.

그 이유는 한국의 청소년들이 북유럽 국가의 청소년들보다 학업에 따른 스트레스를 더 많이 받고 있으며, 공부 외에 다른 문화 활동이나 여가 활동을 즐기기 어려운 상황에 처해 있다는 데에서 찾을 수 있을 것입니다. 스마트폰이나 온라인 게임이 답답한 현실에서 벗어나는 유일한 탈출구 역할을 하는 경우에 중독의 위험은 더욱 커집니다.

단순히 뉴미디어를 오래 사용한다고 해서 중독이라고 할 수는 없습니다. 스스로 어떤 동기와 욕구를 갖고 뉴미디어를 사용하는지를 생각해 보고 뉴미디어 사용이 끼치는 좋은 영향과 나쁜 영향을 구분하는 시간을 가져 보세요. 또한 스스로 뉴미디어 사용과 관련해 얼마나 통제력을 발휘하고 있는지를 판단해 보는 것도 이용자로서 자신을 점검하는 바람직한 태도일 것입니다.

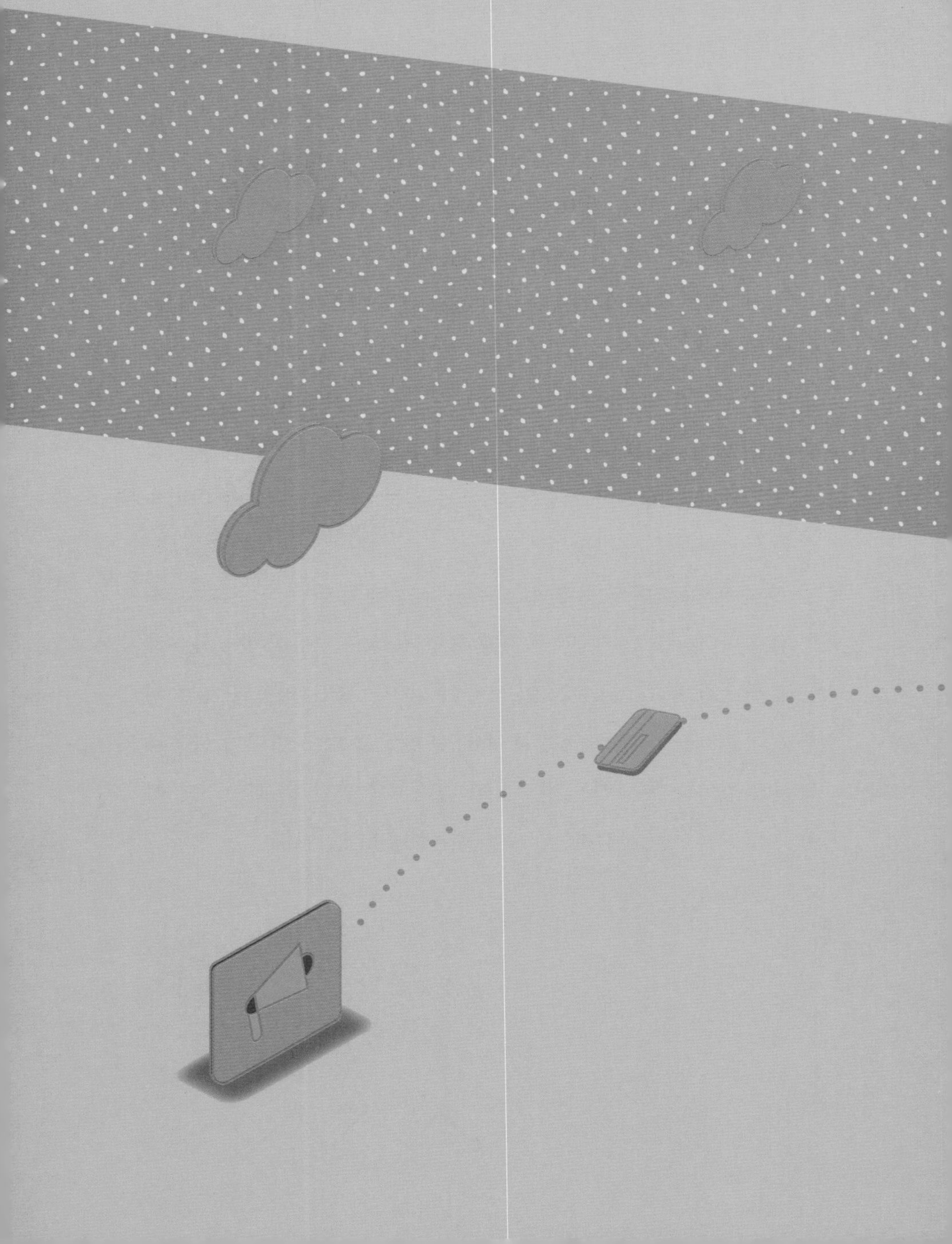

4부

뉴미디어는 어떤 사회를 만들어 갈까?

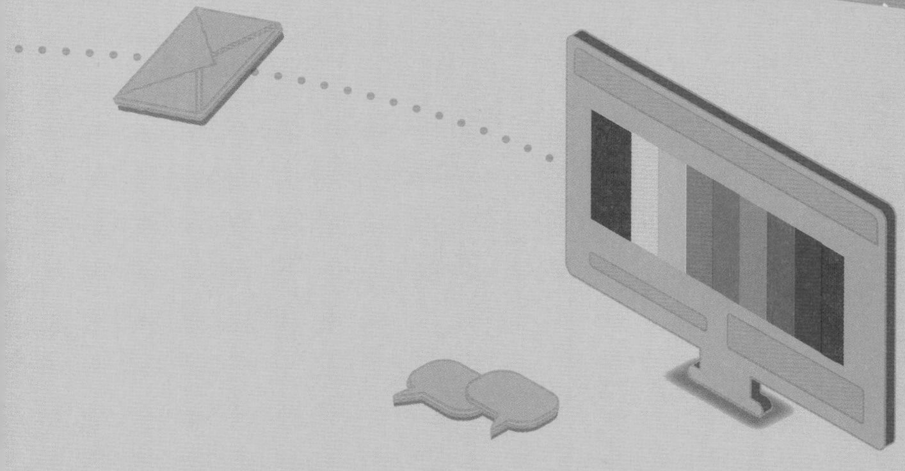

1. 뉴미디어와 디지털 격차

디지털 격차의 양상

뉴미디어는 정치, 경제, 사회, 문화 등 우리가 생활하는 모든 영역에서 아주 다양한 방식으로 이용되고 있습니다. 뉴미디어를 이용하지 않더라도 세상을 살아갈 수 있겠지만 뉴미디어를 이용할 수 있는 환경과 능력을 갖출 때 우리 삶의 질은 완전히 달라질 것입니다.

인터넷에 접속할 수 있는 환경에서 최신 스마트폰이나 노트북을 이용해 필요한 정보를 검색하고 지식을 습득하며, 정치적 토론이나 공동체 활동에 참가하고, 다양한 분야의 사람들과 교류한다면 경제적 활동이나 사회생활에서 성공할 가능성이 높아지겠죠.

뉴미디어의 이용과 관련해 모든 사람이 동등한 환경과 능력을 갖추고 있지는 않습니다. 이렇게 뉴미디어와 관련해 사람들 사이에 차이가 발생하는 현상을 '디지털 격차'Digital Divide라고 해요. 디지털 격차가 너무 크면 사회가 균형 있게 발전하기 어려울 수 있기 때문에 정부는 디지털 격차를 줄이려고 노력합니다.

디지털 격차라는 용어 자체는 1998년에 처음 등장했지만 디지털 격차에 대해 정부가 주목하기 시작한 것은 1995년부터입니다. 1995년 미국 상무부 산하 통신정보관리청인 NTIA는 보고서에서 새로운 기술인 뉴미디어에 접근할 수 있는 사람과 접근할 수 없는 사람 사이의 분할이 나타나고 있다고 언급했어요.

PC를 소유하고 있으며 인터넷 접속 서비스에 가입한 사람들은 뉴미디어에 접근할 수 있는 사람들로서, 그렇지 못한 사람들과는 달리 인터넷이 제공하는 정보를 습득할 수 있고 그 정보를 이용해 개인적이고 사회적인 이익을 얻을 수 있다고 평가되었습니다. 소득이 낮은 계층의 사람들은 경제적 이유로 인터넷에 가입하거나 PC를 소유할 수 없기 때문에, 뉴미디어에 접근할 수 있는 고소득 계층의 사람들보다 사회적으로 더 불리한 처지에 놓이게 된다는 것입니다.

미디어 이용의 결과로 사람들 사이에서 지식이나 정보가 불

평등하게 분배된다는 생각은 오래전부터 있었습니다. 이미 1940년대부터 신문이나 방송 같은 매스미디어를 통해 정보가 확산되는 과정에서 사람들 사이에 '지식 격차'Knowledge Gap나 '정보 격차'Information Gap가 발생한다는 연구들이 있었어요. 일반적으로 사회 경제적 지위가 높은 계층의 사람들이 낮은 계층의 사람들보다 정보를 더 빨리 습득하고 지식을 더 많이 축적하는 경향이 있다는 것이죠.

그렇다면 뉴미디어 이용과 관련된 디지털 격차가 기존의 매스미디어 이용과 관련된 지식 격차와 다른 점은 무엇일까요? 기존의 지식 격차와 디지털 격차의 가장 큰 차이점은 디지털 격차에 대한 문제 제기가 뉴미디어의 기술 자체에 대한 접근성 유무에서 비롯된다는 것입니다.

매스미디어를 이용한 지식 격차의 문제는 기본적으로 사회집단이나 계층이 지닌 사회 경제적 지위의 차이에서 발생해요. 매스미디어는 사실상 모든 사람이 큰 비용 없이 접근할 수 있으며 콘텐츠에서도 큰 차이가 없는 보편적 미디어입니다. 예를 들어, 지상파방송의 경우 수상기만 있으면 별도의 비용 없이 모든 사람이 동일한 콘텐츠를 즐기는 방식으로 이용됩니다.

그럼에도 매스미디어의 이용에서 지식 격차가 발생하는 것은 매스미디어가 전달하는 정보를 처리하는 방식이 계층에 따라 달라지기 때문이죠. 사회 경제적 지위가 높은 계층의 사람들은 일반적으로 교육 수준이 높기 때문에 고급 정보를 식별하거나 쉽게 이해할 수 있는 지식을 갖고 있고, 정보를 처리하는 과정에서도 주변 지인들과의 토론을 통해 중요한 정보를 걸러서 받아들일 수 있습니다.

하지만 뉴미디어는 매스미디어와 같은 보편적 미디어가 아닙니다. 뉴미디어를 이용하려면 상당한 비용을 지불해야 하죠. 기본적으로 인터넷 가입비, 통신비 등과 같은 비용이 다달이 지출될

뿐만 아니라 스마트폰, PC, 노트북, 태블릿 PC 등과 같은 기기 구입 비용도 상당히 큰 편이에요. 게다가 기술이 빠른 속도로 발전하기 때문에 서비스나 기기를 교체해야 하는 기간도 짧습니다. 따라서 저소득층 사람들은 그렇지 않은 사람들보다 뉴미디어에 대한 접근성이 낮을 수밖에 없어요. 뉴미디어 서비스에 가입하거나 뉴미디어 기기를 소유하기가 어렵기 때문에 애초부터 뉴미디어를 통해 정보를 습득하고 이용하기가 쉽지 않죠.

뉴미디어에 접근할 수 없는 사람은 정보를 갖지 못한 사람이 됩니다. 사회 경제적 지위가 낮은 계층의 사람들은 뉴미디어에 접근하기 힘들어서 정보를 얻을 수 없기 때문에 낮은 지위에서 벗어나는 계층 상승을 이루기가 어려워집니다.

디지털 격차로 인해 계층이 고착화되고 계층 간의 차이가 심화되는 것을 완화하기 위해 각국 정부에서는 디지털 격차를 줄이려는 노력을 해 왔어요. 공공 도서관이나 정보 센터 등에 누구나 사용할 수 있는 PC를 구비해 놓는다거나, 공공 와이파이 장치를 설치해 공공장소에서 누구나 무료로 인터넷에 접속할 수 있게 하는 것이 디지털 격차를 줄이려는 시도입니다.

그런데 뉴미디어의 사용이 일반화되면서 인터넷에 접속하지 못하거나 뉴미디어 기기를 소유하지 못한 사람의 수가 급속히 줄어들고 있습니다. 한국의 경우 가구의 인터넷 접속률은 이미 2016년에 99퍼센트를 넘어섰기에 사실상 모든 가구가 인터넷에 접속하고 있으며, 스마트폰 보급률도 2018년에 95퍼센트를 넘어섰어요. 공공 와이파이망도 계속 확대되고 있어서 대도시에서는 무료로 와이파이를 사용할 수 있는 공공장소가 매우 많습니다. 결국 뉴미디어의 접근과 보유라는 관점에서 보면, 디지털 격차는 사실상 의미가 없는 것이 되었죠.

이제 디지털 격차는 단순히 뉴미디어 서비스에 접근할 수 있고 기기를 소유하고 있느냐의 문제가 아닙니다. 뉴미디어를 이용하는 능력이나 수준의 차이가 있느냐 하는 '디지털 이용 격차'와 뉴미디어를 이용함으로써 얻게 되는 효과의 차이가 있느냐 하는 '디지털 결과 격차'가 중요한 문제로 부각되고 있어요.

디지털 이용 격차는 이용자가 뉴미디어 기술과 콘텐츠를 통제하고 선택해 유용하고 생산적인 방식으로 활용하는 과정에서 나타나는 사회적 집단 사이의 차이를 의미해요. 디지털 이용 격차에서 각각의 사회적 집단이 보여 주는 능력은 크게 정보 활용 능력, 콘텐츠 생산 능력, 사회적 관계 형성 능력으로 구분됩니다.

첫째, 정보 활용 능력은 정보를 식별하고 처리하고 조직하는 능력입니다. 둘째, 콘텐츠 생산 능력은 단지 정보를 받아들이는 차원에 머물지 않고 정보를 창의적으로 생산하는 능력이죠. 셋째, 사회적 관계 형성 능력은 관계를 형성하고 유지하기 위해 자발적이고 적극적으로 노력함으로써 자신의 관계망을 확장하는 능력을 가리킵니다.

디지털 결과 격차는 뉴미디어를 활용함으로써 얻게 되는 효과 차원에서 발생하는 사회적 집단 사이의 차이를 의미해요. 뉴미디어를 활용함으로써 지식 습득, 의사 결정, 문제 해결, 사회적 참여 등에서 얼마나 긍정적 효과를 얻는지를 평가해 디지털 결과 격차를 확인할 수 있죠.

사회적 계층이 재생산된다

세계적으로 보면, 산업화된 국가와 저개발된 국가 사이의 디지털 접근 격차가 여전히 크게 나타나고 있습니다. 한편, 한국처럼 뉴미디어의 사용이 일반화된 사회에서는 디지털 접근 격차는 큰 의미가 없어졌습니다. 뉴미디어를 잘 이용할 줄 아는 사람이 더 좋은 효과를 얻을 수 있기 때문에 디지털 이용 격차와 디지털 결과 격차는 밀접히 연관되어 있어요. 디지털 이용 격차와 디지털 결과 격차에 영향을 주는 요인에는 여러 가지가 있는데요, 여기에서는 중요한 몇 가지 요인들에 대해 이야기하겠습니다.

첫째, 나이에 따른 차이가 나타납니다. 청소년과 청년들이 중장년이나 노인 계층보다 정보 활용 능력, 콘텐츠 생산 능력, 사회적 관계 형성 능력이 더 뛰어납니다. 뉴미디어에 익숙하지 않아 기기를 다루는 데 어려움을 느끼는 노인 세대의 경우에는 뉴미디어를 이용한 정보 활용 능력, 콘텐츠 생산 능력, 사회적 연계 능력이 떨어집니다.

반면에 어렸을 때부터 뉴미디어를 이용하면서 자란 청소년과 청년 세대는 지식을 습득하거나, 과제를 위한 콘텐츠를 만들거나, 친구 관계를 유지하고 사회적 메시지를 전달하기 위해 뉴미디어를 적극적으로 이용하죠. 그래서 지식 습득, 문제 해결, 사회적 참

여 등에서 있어서 상대적으로 긍정적인 효과를 얻습니다. 미투 운동, 일본 제품 불매운동처럼 중요한 사회적 이슈가 발생했을 때 청년들은 뉴미디어를 이용해 정보를 습득하고 논리를 개발하며, 포스터나 로고를 만들어 유포하는 등의 활동을 하면서 사회적 효과를 발생시킵니다.

둘째, 소득과 교육의 정도에 따른 차이가 나타납니다. 고소득·고학력의 사람들이 그렇지 않은 사람들보다 뉴미디어를 더 적게 이용하는 경향이 나타나요. 청소년의 경우에도 부모가 고소득·고학력 계층인 청소년이 그렇지 않은 청소년보다 뉴미디어를 더 적게 이용합니다. 이들은 뉴미디어를 더 적게 이용하는 대신에 책 또는 신문을 읽거나 음악을 듣는 등의 활동을 더 많이 하는 경향이 있습니다.

뉴미디어의 등장 초기에 접근 격차에 대해 이야기할 때는 저소득층 사람들이 뉴미디어를 이용할 기회를 갖지 못하는 것이 문

마이크로소프트사의 창업자 빌 게이츠는 자녀들이 13세가 될 때까지 휴대전화를 사 주지 않았다고 밝혀 화제가 되었다.

제였죠. 그런데 뉴미디어의 사용이 일반화된 지금은 오히려 고소득층 사람들이 자발적으로 뉴미디어를 멀리하는 현상이 나타나고 있어요. 뉴미디어를 이용할 때도 고소득·고학력 집단의 사람들은 정보 검색이나 학습 목적인 경우가 많고 저소득·저학력 집단의 사람들은 오락을 위해 사용하는 경우가 많습니다.

나이에 따른 디지털 격차는 자연스러운 현상이거나 뉴미디어가 확산되면서 점차 격차가 줄어드는 과정에 있으니 큰 문제라고 보기 어렵습니다. 하지만 소득과 교육 정도에 따른 디지털 격차는 점점 더 심해지는 경향이 있어서 주의 깊게 살펴볼 필요가 있어요. 뉴미디어 사용 초기에는 고소득·고학력 집단과 저소득·저학력 집단 사이에서 나타나는 디지털 접근 격차를 줄이는 것이 문제였죠. 하지만 디지털 접근 격차가 해소된 지금은 두 집단 사이의 디지털 이용 격차와 디지털 결과 격차가 더 큰 문제가 되고 있습니다. 이런 현상은 뉴미디어에 대한 접근이 보장된다고 해서 반드시 모두가 뉴미디어를 긍정적이고 생산적인 방식으로 이용하는 것은 아니라는 점을 보여 줍니다.

고소득·고학력 집단은 뉴미디어를 지식 습득과 정보 활용 등을 위해 사용하면서 사회 경제적 지위를 높이는 데 이용하는 반면, 저소득·저학력 집단은 오락과 현실도피를 위해 사용하면서 자신의 현 상황을 개선하는 데 이용하지 못한다는 말은, 결국 뉴미디어의 이용을 통해 사회적 계층이 재생산되면서 굳어지거나 양극화될 가능성이 있다는 의미입니다. 뉴미디어를 이용하면서 잘사는 사람은 앞으로 더욱 잘살게 될 것이고 못사는 사람은 앞으로 더 못살게 된다는 것이죠.

또한 뉴미디어 중독도 저소득·저학력 집단에서 더 많이 발생할 수 있습니다. 따라서 뉴미디어 이용 격차를 줄이고 뉴미디어 중독 같은 문제를 해결하기 위해서는 먼저 사회적 불평등을 줄일 수 있는 정책들이 만들어지고 시행되어야 합니다.

흥미로운 것은 가정 안에서 자유롭고 개방적인 커뮤니케이션이 일어나는 경우에는 소득이나 교육 정도와 관계없이 가족 구성원, 특히 청소년의 긍정적이고 생산적인 뉴미디어 이용이 증가하는 경향이 있다는 것입니다. 디지털 격차를 줄이고자 하는 정부의 노력과는 별개로, 부모와 자식이 서로 열린 자세로 대화를 나누고 자유롭게 토론하는 가정 문화를 만드는 것은 뉴미디어를 생산적으로 사용하고 디지털 이용 격차를 줄이는 좋은 방법이 될 수 있습니다.

2. 빅데이터로 다시 만난 세상

빅데이터의 특성

인간의 모든 활동은 흔적을 남깁니다. 중요하거나 의미가 있는 활동은 특별히 기록되고 보존됩니다. 과거에는 주로 종이나 책과 같은 문서에 인간의 중요한 활동을 기록하고 보존했어요. 이런 방식의 기록과 보존에는 많은 시간과 노력, 공간이 필요했죠. 도서관이나 박물관 등이 인간의 활동을 기록, 보존하는 데 사용되는 대표적인 공간입니다.

뉴미디어를 사용하는 활동도 흔적을 남깁니다. 이 흔적은 디지털 데이터 형태로 기록되고 보존됩니다. 우리가 웹 사이트에 로

그인을 하거나 정보를 검색한 흔적에서부터 소셜 미디어에 올린 글과 영상은 물론 기업에서 많은 돈과 시간을 투자해 만든 장편영화에 이르기까지, 뉴미디어와 관련된 인간의 모든 활동과 생산물이 디지털 데이터의 형태로 기록되고 보존되죠. 수십억 명의 사람이 날마다 뉴미디어를 이용해 다양한 활동을 하고 있으니 우리의 상상을 뛰어넘는 엄청나게 많은 데이터가 생겨날 수밖에 없습니다.

이처럼 방대한 데이터는 인간이 지각할 수 있는 한계를 뛰어넘는 것이어서 일반적인 방식으로는 보관하거나 분석할 수 없어요. 오직 특수하게 개발된 디지털 정보 기술을 이용해야만 모든 데이터를 기록, 보존, 분석, 이용할 수 있습니다. 이처럼 뉴미디어를 통해 디지털 방식으로 생성되고 처리되는 방대한 규모의 데이터를 '빅데이터'Big Data라고 해요.

빅데이터는 종이나 비디오테이프 등을 이용해 아날로그 방식으로 기록, 보존되던 데이터와는 다른 특성들이 있습니다. 영어권 학자들은 'V'로 시작하는 단어들을 통해 빅데이터의 특성을 다음과 같이 설명하고 있어요.

첫째, 빅데이터는 엄청난 양Volume의 데이터라는 특성이 있습니다. 스마트폰의 전원을 켜고 통신망이나 인터넷에 접속한 순간부터 내가 어디에 있고 어디로 가는지, 누구와 통화나 채팅을 했는지, 무엇을 검색했는지, 어떤 사이트에 들어갔는지, 어떤 기사나 동영상을 봤는지, 무엇을 주문했는지, 소셜 미디어에 어떤 텍스트를 게재했는지 등 나의 모든 활동이 데이터로 기록되고 보관됩니다. 뉴미디어를 사용하는 세상 모든 사람의 활동이 기록되고 저장되기 때문에 데이터의 양은 상상할 수 있는 범위를 훌쩍 뛰어넘습니다.

예를 들어, 전 세계에서 페이스북을 이용하는 사람들이 페이스북에 접속하고, 친구 관계를 맺고, 글을 클릭하고, 텍스트를 업로드하는 등의 활동을 통해 만들어지는 데이터의 양을 상상해 보세요. 페이스북이란 소셜 미디어 플랫폼 하나가 하루 동안 만들어 내는 데이터만으로도 이미 우리의 인지능력을 초월합니다.

둘째, 빅데이터는 단순히 양만 많은 것이 아니라 엄청난 다양성Variety을 보여 줍니다. 빅데이터는 정형 데이터뿐만 아니라 비정형 데이터를 포함해요. 정형 데이터란 쉽게 말해 정해진 구조가 있는 데이터입니다. 통계자료처럼 일정한 규칙을 통해 체계적으로 정리되어 있어서 쉽게 계산하거나 분석할 수 있는 데이터가 대표적인 정형 데이터죠.

비정형 데이터는 정해진 구조가 없는 데이터입니다. 가장 대표적인 것이 우리가 소셜 미디어에 올리는 텍스트입니다. 이 텍스트는 주로 문자와 영상으로 구성되어 있는데 정해진 형식 없이 글을 쓰는 사람 마음대로 제작됩니다. 또, 뉴미디어를 이용하는 사람들의 활동에 따라 계속 변하는 데이터도 비정형 데이터입니다. 이동 위치, 채팅, 댓글, 친구 맺기, 쇼핑 등의 활동으로 만들어지는 데이터죠. 비정형 데이터는 정해진 규칙이나 구조가 없기 때문에 계산이나 분석이 어렵지만, 빅데이터 중에서 가장 많은 부분을 차지하고 있으며 매우 중요한 데이터로 인식되고 있어요.

셋째, 빅데이터는 생성되고 처리되는 속도Velocity가 매우 빠릅니다. 빅데이터는 정보가 굉장히 빠르게 생성되고, 생성되는 즉시 처리되는 특성이 있습니다. 단지 많은 양의 데이터가 생성되고 저장되기만 한다면 사실 빅데이터를 그다지 중요하게 다룰 필요가 없을지도 몰라요. 빅데이터를 중요하게 여기는 이유는 빠르게 생성되는 엄청난 양의 데이터를 즉시 처리함으로써 상황을 판단하고, 전략을 수립하고, 의사를 결정해야 하기 때문입니다.

예를 들어, 자동차의 주행 안전장치와 내비게이션 장치가 제대로 작동하기 위해서는 위치 정보와 주변 상황 정보 등을 즉각적으로 처리해 빠르게 결정을 내려야 합니다. 주식을 거래하는 증권

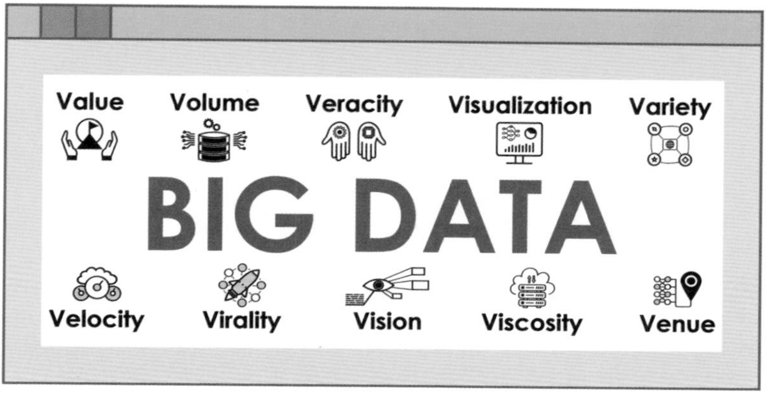

회사나 물건을 생산하고 판매하는 기업의 경우에도 빠르게 생성되는 빅데이터를 실시간으로 분석하고 처리해서 결정을 내리는 일이 매우 중요하죠.

넷째, 정보의 질이나 가치와 관련해 진실성Veracity의 문제가 있습니다. 데이터의 진실성이란 일반적으로 데이터가 얼마나 정확하고 진실한가의 문제입니다. 그런데 빅데이터의 경우에 진실성이란 단순히 데이터 자체의 질과 관련된 문제로 그치지 않아요. 빅데이터에서는 데이터 자체가 정확하고 진실한가의 문제 외에도 데이터의 원천, 유형, 처리 과정이 정확하고 진실한가도 고려해야 할 중요한 문제죠.

어마어마한 양의 빅데이터 중에는 거짓이나 부정확한 데이터

도 많습니다. 우리가 빅데이터를 분석한다는 것은 데이터 사이에 어떤 규칙성과 상관관계가 있는지를 발견하는 작업이기 때문에 단순히 많은 양의 데이터를 살피는 것이 아니라, 엉터리 데이터를 제거하고 필요한 데이터를 축적하는 일이 매우 중요해요. 빅데이터 분석을 통해 발견한 규칙성을 신뢰할 수 있는지 여부가 빅데이터의 진실성과 관련된 문제이기 때문입니다. 따라서 데이터를 처리하고, 가공하고, 분석하는 도구들이 빅데이터에 대해 얼마나 정확하고 진실한 해석을 내놓을 수 있느냐의 문제가 중요합니다.

다섯째, 빅데이터는 쉽게 변하고 사라지는 변동성Volatility이 있습니다. 빅데이터는 주로 뉴미디어를 사용하는 사람들의 활동으로 만들어지기 때문에 쉽게 변하고 사라지는 특성이 있어요. 예를 들어, 소셜 미디어에 올리는 텍스트나 댓글을 수정하거나 삭제하는 경우도 많고 친구 관계를 맺거나 차단하는 일도 자주 일어납니다. 저마다의 활동에 따라 빅데이터가 계속 변하는 것이죠. 따라서 빅데이터를 처리하고 분석할 때는 데이터가 언제까지 유효한 것인지, 얼마나 오랫동안 보관해야 하는지 등을 판단해야 합니다.

여섯째, 빅데이터는 가치Value 있는 정보입니다. 빅데이터를 중요하고 의미가 있는 것으로 다루는 이유는 정치, 경제, 사회, 문화의 다양한 영역에서 정책을 만들거나 사업을 추진하거나 미래를 예측하는 등의 중요한 의사 결정을 할 때 큰 도움이 되기 때문입니다. 아무리 많은 데이터가 생산되고 보관되어도 가치가 없다면 쓸모없죠. 빅데이터는 특히 우리의 삶과 사회를 깊이 이해할 수 있는 통찰력을 제공하는 가치를 포함하고 있습니다. 그렇기 때문에 정부와 기업에서 빅데이터를 모으고, 저장하고, 분석하기 위해 많은 노력을 기울이고 있죠.

일상 속의 빅데이터

빅데이터가 가치 있는 것은 다양한 분야에서 특정한 목적을 달성하고 성과를 내기 위해 사용되기 때문입니다. 각 분야마다 이용되는 빅데이터는 다르기 때문에 가장 좋은 결과를 얻기 위해서는 무엇보다 먼저 필요한 데이터를 발견하고 분석하는 작업이 중요하죠.

빅데이터에서 유용한 데이터를 추출하는 작업을 '데이터 마이닝'Data Mining 이라고 해요. 광산에서 유용한 자원을 캐내는 것처럼 방대한 양의 데이터 중에서 도움이 되는 데이터를 추려 내는 일이 중요합니다. 각 분야마다 데이터 마이닝을 통해 데이터 사이의 규칙성이나 상관관계를 발견함으로써 다양한 방식으로 활용할 수 있어요. 빅데이터는 모든 분야에서 아주 다양하게 활용될 수 있는데요, 여기에서는 우리의 일상생활과 관련해 빅데이터가 어떻게 사용되고 있는지 알아보도록 하죠.

첫째, 빅데이터는 개인의 성향을 파악할 수 있는 자료로 활용됩니다. 우리가 뉴미디어를 사용하는 모든 행위는 기본적으로 디지털 방식으로 기록되고 분석됨으로써 빅데이터로 활용될 수 있어요. 예를 들어, 우리가 유튜브 채널을 검색해서 볼 때 어떤 채널에 얼마나 자주, 어느 정도의 시간 동안 어떤 방식으로 접속하는지에 대한 정보가 빅데이터로 처리됩니다. 이를 바탕으로 유튜브에서는 우리가 좋아할 만한 채널을 추천하고, 이용할 만한 상품의 광고를 유튜브 콘텐츠에 삽입할 수 있죠.

우리가 온라인으로 상품을 구매할 때도 모든 구매 정보가 빅데이터로 저장, 처리됩니다. 온라인 쇼핑몰은 빅데이터 분석을 통해 우리의 상품 구매 정보에서 특정한 규칙성을 발견해

내서 앞으로 어떤 상품이 필요할지를 예측한 뒤, 관련 상품에 대한 정보를 우리에게 보냅니다.

2012년에 미국의 대형 할인 마켓인 '타깃'이 한 10대 여성에게 예비 엄마에게 필요한 유아용품 광고 전단을 보내는 바람에 이 여성의 아버지가 항의하는 일이 있었습니다. 그런데 놀랍게도 이 여성이 실제로 임신 상태라는 사실이 밝혀집니다. 타깃에서는 이 여성이 상품을 구매하면서 남긴 빅데이터를 통해 그녀가 임신부라고 판단하고 관련 광고를 보냈던 거예요. 아버지도 모르던 사실을 빅데이터가 알려 준 것이죠. 이처럼 빅데이터 분석은 우리 자신도 정확히 알지 못하는 취향과 상태를 파악해 기업의 마케팅에 활용됩니다.

둘째, 빅데이터는 미래에 닥칠 문제를 미리 예측할 수 있게 해 줍니다. 검색 사이트인 구글에서는 2008년부터 독감의 유행을 예측하는 프로그램을 운영하고 있어요. 사람들이 건강과 관련해 검색한 내용을 빅데이터로 처리해서 독감이 유행할 것인지를 예측하는 것입니다. 국가 의료 기관에서 독감의 유행을 판정하는 것보다 10일 일찍 예측할 수 있다고 합니다.

대통령 선거와 같은 중요한 선거의 투표 결과도 예측할 수 있습니다. 일반적으로 지금까지는 선거 결과의 예측에 여론조사와 같은 방법을 이용해 왔어요. 그런데 2016년 미국 대통령 선거에서

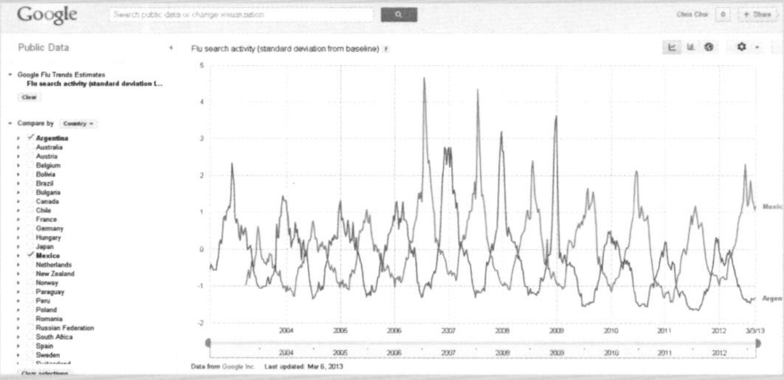

구글의 독감 트렌드(Google Flu Trends) 서비스 화면

는 기존의 전통적인 여론조사 방법을 이용한 결과 예측이 틀린 반면에, 빅데이터를 이용한 예측은 적중하는 일이 발생했습니다.

트럼프와 힐러리라는 두 후보를 구글 등에서 검색한 수와 트위터, 페이스북 등의 소셜 미디어에서 두 후보를 언급한 수 등의 빅데이터를 분석했을 때 트럼프 후보가 힐러리 후보보다 압도적으로 더 많은 관심을 얻고 있다는 사실을 발견한 것이죠. 전체 집단이 아닌 적은 수의 표본 집단의 의견을 조사하는 여론조사와, 수많은 유권자가 인터넷에서 자기도 모르게 드러내는 표심을 분석한 빅데이터 분석 사이의 우열이 판가름 나는 사건이었습니다.

이 밖에도 빅데이터는 정부가 인구나 국토 개발과 관련된 정책을 계획하고 결정하는 데 활용될 수도 있고, 기업이 세계시장의 흐름과 노동자들의 생활양식에 맞춰 물품 생산과정을 조절함으로써 생산성을 높이는 데 활용될 수도 있어요. 은행이나 보험회사에서는 금융 관련 보안 시스템을 구축하거나, 고객 맞춤형 상품을 개발하는 데 이용될 수도 있습니다. 자동차를 운전할 때 막히는 도로를 알려 주거나 정체 예상 도로를 예측함으로써 시간과 연료를 절약하도록 도움을 줄 수도 있죠.

빅데이터는 이처럼 일상생활을 매우 편리하게 해 줄 뿐만 아니라 현재를 판단하고 미래를 예측하는 데 도움을 주는 마법 상자처럼 여겨지기도 합니다. 디지털 정보 기술 덕분에 과거에는 상상조차 할 수 없던 방식으로 엄청난 양의 데이터를 보관하고 분석하는 것이 가능해졌기에, 빅데이터를 잘 활용하면 현재 우리가 겪고 있는 많은 문제를 해결할 수 있을 것처럼 보이기도 해요.

하지만 빅데이터의 활용이 유발하는 부작용도 많습니다. 가장 먼저 인권이나 사생활 침해 문제가 있어요. 우리의 소비 정보를 분석해 맞춤형 서비스를 제공하는 것은 편리한 일일 수도 있지만, 사생활이 고스란히 노출되고 분석된다는 문제점이 있기도 합니다. 타깃이 10대 여성의 임신 사실을 추론해 내고 관련 상품 광고를 보내는 것이 과연 편리한 일일까요?

소비자의 개인적 특성에 따라 달라지는 맞춤형 광고에는 인권 침해나 차별 문제가 있기 때문에 실제로 2019년 페이스북은 맞춤형 광고를 중단했어요. 게다가 빅데이터 분석을 통해 우리의 취향이나 의견에 맞는 정보나 콘텐츠만을 맞춤형으로 제공해 준다면 우리는 뉴미디어를 사용하면서 다른 취향이나 의견을 접하지 못하게 되고 결국 문화적·이념적 감옥 안에 스스로 갇히게 될 위험이 있습니다.

빅데이터 분석을 통해 미래를 예측할 수 있다고 하지만, 그 예측 역시 무조건 신뢰할 수는 없습니다. 실제로 구글의 독감 유행 예측은 들어맞을 때도 있지만 전혀 엉뚱한 예측을 하는 경우도 있습니다. 2016년 미국 대선 결과를 예측한 빅데이터 분석도 사실은 잘못된 부분이 있어요. 실제 선거에서는 힐러리 후보가 더 많은 득표수를 얻었기 때문에 득표수만 본다면 힐러리 후보가 당선되었을 것입니다. 하지만 득표수가 아니라 선거인단 수에 따라 당선이 결정되는 미국 대선의 특성 때문에 결과가 달라진 것이라고 할 수 있죠. 게다가 당시에 페이스북은 5000만 명에 달하는 이용자의 개인 정보를 정치 컨설팅 업체에 팔아넘겼고, 업체에서는 개인 정보를 이용해 유권자의 성향을 파악하고 트럼프 후보에게 유리한 방식으로 이용하기도 했습니다.

우리가 뉴미디어를 사용하면서 남기는 모든 흔적이 빅데이터

로 활용되는 것은 사생활과 관련해 심각한 문제를 일으킵니다. 특히 자신에 대한 정보가 누군가에 의해 정치적·경제적 목적으로 계속 이용되는 것은 심각한 문제죠. 이런 문제가 발생하는 이유 중 하나는 우리가 뉴미디어를 사용하면서 만들어 내는 데이터를 스스로 통제할 수 없다는 데 있어요. 뉴미디어를 이용하는 우리의 활동은 계속 데이터로 기록되고 보관되는데, 이 데이터에 대한 접근권이 정작 우리 자신에게는 없는 경우가 대부분입니다. 내가 10년 전에 무심코 남겼던 글과 사진이, 또는 나를 언급한 글이나 영상이 인터넷의 가상 세계 어딘가에 보관되어 있고, 필요할 때마다 누군가에 의해 검색되고 이용된다는 것은 개인의 입장에서는 큰 부담입니다.

이런 이유로 '잊힐 권리'Right to be Forgotten가 중요하게 다뤄지고 있습니다. 1995년 유럽연합은 '유럽 정보 보호 지침'을 통해 동의가 있어야만 개인의 정보를 이용할 수 있다고 밝혔고, 2014년 유럽 사법재판소에서는 개인의 정보와 콘텐츠를 제거하도록 요청할 수 있는 잊힐 권리를 법으로 인정했어요. 개인의 잊힐 권리와 대중의 알 권리가 서로 충돌할 가능성이 있지만, 대중의 알 권리와는 관계가 없는 개인의 사적 정보는 삭제되어야 한다는 것이 유럽 사법재판소의 판단입니다.

우리의 개인 정보가 담긴 빅데이터가 정치적·경제적 이유로 무차별적으로 이용되지 않게 막기 위해서는 관련된 법과 제도를 만들어야 합니다. 그뿐만 아니라 뉴미디어 사업자들도 자율적으로 이용자의 사생활을 보호할 수 있는 규제 장치를 만들 필요가 있습니다.

빅데이터의 특성 중 하나가 바로 가치입니다. 그런데 빅데이터가 지닌 가치가 단순히 기업이 원하는 사업적 가치, 경제적 가치에만 머물러서는 곤란하겠죠. 우리는 빅데이터를 만들어 내는 생산자이면서 동시에 빅데이터 분석에 의해 파악되는 대상이에요. 빅데이터를 활용한 결과가 특정한 개인이나 집단에게만 돌아

가지 않고 모든 사람에게 골고루 혜택을 줄 수 있어야 할 것입니다. 결국 빅데이터를 만들고 이용하는 것은 인간이며, 빅데이터는 궁극적으로 인간의 권익을 위해 활용되어야 한다는 것을 잊지 말아야 합니다.

3.

인공지능 활용, 어디까지 왔을까?

인공지능의 활용 분야

빅데이터를 처리하고 분석하기 위해서는 특수하게 개발된 알고리즘을 사용하는 계산 장치가 필요합니다. 알고리즘이란 어떤 문제를 해결하기 위한 명령들이 순서대로 배열된 집합을 의미해요. 예를 들어, 수학 문제를 풀기 위한 규칙들의 집합은 우리가 흔히 접하는 가장 단순한 형태의 알고리즘이라고 할 수 있어요. 컴퓨터는 알고리즘을 사용하는 대표적인 계산 장치죠. 이처럼 알고리즘을 이용해 데이터를 처리해서 문제를 푸는 기술을 'AI'Artificial Intelligence, 즉 인공지능이라고 합니다. 빅데이터를 처리하는 알고리즘의 발달로 인공지능은 단순한 연산 기술에 머무르지 않고 인간의 지각 능력, 학습 능력, 추론 능력 등을 모방해 스스로 배우고 생각해서 문제를 해결하는 기술로 발전하고 있습니다.

우리는 인공지능이라고 하면 흔히 〈터미네이터〉나 〈어벤져스〉와 같은 영화에 나오는 로봇처럼 스스로 생각하고 판단해서 인간을 말살하고 세계를 지배하는 무서운 기술을 떠올립니다. 이처럼 독자적으로 판단하고 행동하는 '강한 인공지능'은 아직까지는 영화에서나 볼 수 있는 기술입니다. 현재 우리가 사용하는 인공지능은 주어진 알고리즘에 따라 특정한 분야의 문제를 풀 수 있

는 '약한 인공지능'이죠. 약한 인공지능이긴 하지만, 2016년 알파고가 한국의 이세돌 기사와 바둑을 둬 승리한 사건에서 나타나듯이 인공지능은 이미 인간과의 두뇌 대결에서 앞서고 있습니다. 빅데이터를 처리해서 기계가 스스로 데이터의 규칙성을 추론하고 문제 해결에 적용하는 기계 학습Machine Learning 방법 덕분에 인공지능은 빠른 속도로 발전하고 있어요.

인공지능은 현재 다양한 분야에서 활용되고 있습니다. 금융, 과학, 의학, 군사 등의 전문 분야에서 빅데이터를 처리, 분석함으로써 전문적 지식을 축적하고 문제를 해결하는 데 도움을 주는 인공지능도 있고, 물리학이나 수학과 같은 분야에서 복잡한 이론이나 정리를 증명하는 데 도움을 주는 인공지능도 있죠. 여기에서는 일상생활의 활동과 연결되어 있어서 우리에게 직접적으로 영향을 끼치는 인공지능의 활용 분야에 대해 이야기해 보겠습니다.

첫째, 자연언어 처리 분야에서 활용되는 인공지능이 있습니다. 우리의 일상적인 말을 알아듣고 대화를 나누거나 명령을 처리하는 인공지능 서비스이죠. 인간은 아주 오래전부터 자신과 유사한 존재를 창조하고 싶어 했습니다. 인간의 말을 알아듣고 인간처럼 말하는 기계를 볼 때 우리는 그런 인간의 오랜 꿈이 실현된 것처럼 느낄 수 있습니다. 자연언어 처리 분야의 인공지능은 애플 아이폰의 '시리', 삼성 갤럭시의 '빅스비', 구글의 '구글 나우' 등의 개인 비서 형태의 음성인식 서비스로 개발되고 있기도 하고, 네이버 '파파고'나 구글 '번역'과 같은 형태의 기계번역 서비스로 존재하기도 합니다. 내 말에 답변을 하고 명령을 수행하거나 다른 나라 언어로 번역해 주기까지 하는 인공지능 서비스를 접하면 이제는 인간이 필요 없을지도 모른다는 생각이 들 정도죠.

둘째, 포털 사이트, 온라인 쇼핑몰, 1인 미디어와 소셜 미디어 등의 다양한 플랫폼에서 제공하는 개인 맞춤형 서비스도 우리가 흔히 접하는 인공지능을 이용한 서비스입니다. 앞서 말했듯이, 온라인 서비스를 제공하는 사업자들은 우리가 인터넷을 이용하면서 남긴 다양한 흔적을 모두 데이터로 저장해 특정한 알고리즘으로 분석한 뒤에 우리의 취향이나 상태에 맞는 상품이나 콘텐츠를 제시합니다. 예를 들어 네이버는 인공지능을 이용한 뉴스 추천 서비스인 '에어스'를 제공하고 있고, 페이스북은 뉴스 피드 서비스를 통해 페이스북에 게시되는 수많은 콘텐츠 중에서 이용자의 성향이나 취향에 적합한 콘텐츠를 우선적으로 보여 주죠.

셋째, 콘텐츠를 제작하는 인공지능이 있습니다. 대표적인 것이 바로 기사를 쓰는 인공지능입니다. '뉴스 봇'이나 '로봇 저널리즘'이라고 불리기도 합니다. 현재 인터넷 언론에 게재되는 간단한 기사들은 기사 처리 알고리즘을 갖춘 인공지능에 의해 작성되고 있습니다. 경제, 스포츠, 증권, 날씨 등과 같은 분야에서 새로

© chosunbiz

구글 딥드림을 활용해 고흐의 화풍을 배우게 한 뒤 광화문 광장을 그린 그림

운 사건이 발생하면 인공지능이 관련 데이터를 수집한 뒤 기사를 작성합니다. 사건이 발생하고 기사로 실리기까지 수 분 정도밖에 걸리지 않을 정도로 빠르게 보도한다는 장점이 있죠. 소설을 쓰고 음악을 작곡하거나 영상을 제작하는 인공지능도 있습니다.

예를 들어, 2016년 구글이 개발한 '딥드림'은 유명 화가들이 그린 그림을 모은 빅데이터를 독특한 알고리즘으로 처리해 화가들의 화풍을 배운 뒤에, 그 화풍에 따라 그림을 그립니다. 딥드림이 그린 29점의 작품은 2018년 샌프란시스코 미술 경매에서 총 9만 7000달러(약 1억 1400만 원)에 판매되기도 했어요.

인공지능은 단지 새로운 콘텐츠를 창작하는 데 그치지 않고 기존의 콘텐츠를 조작하는 일에도 사용됩니다. 특히 기계 학습 방법의 하나인 딥 러닝Deep Learning을 이용해 영상을 조작하는 것이죠. 인공지능을 이용해 영상을 합성하고 조작해서 실제로 일어나지 않았던 일을 일어난 것처럼 보여 주는 기술을 딥 페이크Deep Fake라고 합니다.

2018년 미국의 콘텐츠 제작사인 버즈피드는 오바마 전 대통령이 대통령 집무실에서 과격한 이야기와 욕설을 하는 충격적인 동영상을 유튜브 채널에 공개해 사람들을 깜짝 놀라게 했습니다. 딥 페이크 기술을 이용해 동영상을 조작한 것이었죠. 그런가 하면 동영상에 나오는 사람의 얼굴을 감쪽같이 바꿔치기할 수 있는 딥 페이크 기술을 이용해 영화 〈써니〉에서 말싸움을 벌이는 배우들의 얼굴을 아이돌 그룹 레드벨벳의 멤버들 얼굴로 바꿔치기하는 팬 아트가 제작되기도 했어요. 딥 페이크 기술이 팬 아트처럼 단지 재미와 오락을 위해 쓰이는 것을 넘어 음란물 동영상이나 가짜 뉴스를 만드는 데 사용될 경우에는 심각한 사회문제가 됩니다.

넷째, 영상 식별 분야에서도 인공지능이 활용됩니다. 그림, 사진, 동영상 등에 나타난 사람의 얼굴이나 동물과 사물의 형태를

미국의 온라인 언론 버즈피드가 공개한 딥 페이크 영상 속 미국의 전(前) 대통령 버락 오바마의 모습(왼쪽). 실제로는 영화감독 조던 필(오른쪽)의 얼굴 움직임을 본떠 합성한 것이다.

식별해 내는 인공지능이 개발되고 있어요. 이 기술은 특히 보안이나 안전과 관련해 쓰입니다. CCTV로 촬영된 영상을 분석해 중요한 건물의 출입자를 식별한다거나 거리에 지나다니는 사람들 중에서 범죄자를 찾아내는 등의 기능을 할 수 있죠. 특히 중국에서는 이 기능을 공공장소에서 사람들을 감시하는 데 사용하고 있어서 인권침해 문제가 제기되고 있습니다.

다섯째, 사물 인터넷 분야에서 다양한 사물들을 효율적으로 관리하고 통제하는 데 인공지능이 사용됩니다. 침대에 누웠을 때 우리가 자는지를 인지해 자동으로 전등을 끄거나, 아침에 잠에서 깨는 것을 알아채고 커튼을 열고 커피를 내리는 등의 다양한 활동이 인공지능으로 관리될 수 있어요. 자동차의 내비게이션이나 자율 주행 같은 경우도 인공지능으로 통제됩니다.

인공지능이 일으키는 문제

인공지능은 4차 산업혁명과 밀접한 관계가 있습니다. 18세기 말에 영국에서 발명된 증기기관을 이용해 공장에서의 대량생산이 가능해지면서 1차 산업혁명이, 19세기 말에 전기와 분업 기술을 이용해 대량생산이 가능해지면서 2차 산업혁명이 일어났습니다. 그리고 20세기 중반에 컴퓨터와 인터넷의 발명으로 생산의 자동화와 정보화가 가능해진 것이 3차 산업혁명이었죠.

이 세 차례의 산업혁명이 모두 새로운 기술을 기반으로 생산의 획기적인 변화를 달성한 혁명이었다면, 4차 산업혁명은 기존의 기술을 새로운 방식으로 활용함으로써 패러다임의 변화를 가져온 혁명이라고 할 수 있어요. 인공지능, 사물 인터넷, 빅데이터 등을 이용해 모든 인간과 사물과 상품을 네트워크로 연결함으로써 새로운 가치와 산업을 만들어 낸 것이 4차 산업혁명입니다. 그래서 흔히 '초연결'Hyperconnectivity과 '초지능'Superintelligence을 4차 산업혁명의 특징이라고 하고 있죠.

모든 산업혁명은 과거의 기술을 이용하는 직업들을 없애고 새로운 기술을 이용하는 직업들을 창조하는 방식으로 진행되어 왔습니다. 산업혁명으로 많은 일자리가 사라지지만 동시에 많은 일자리가 새로 만들어지는 것이죠. 그런데 4차 산업혁명의 경우에는 없어지는 일자리는 많은데 새롭게 만들어져야 하는 일자리가 무엇인지는 잘 드러나지 않아 많은 사람이 혼란스러워하고 있습니다.

예를 들어, 인공지능의 발달로 많은 전문직이 위협받고 있습니다. 기자, 의사, 금융업 종사자, 교수, 변호사, 통번역사 등과 같은 전문직에 대한 사회의 수요가 현재와 같은 수준으로 유지되기는 어려울 것이라는 전망이 지배적입니다. 전문직뿐만 아니라 전화 상담원, 사무직원, 관리인, 운전사, 가게 점원, 공장 노동자 등과 같이 단순한 업무를 처리하는 직업들도 대부분 사라질 것이라고 예측됩니다.

이처럼 없어질 직업은 많고 생겨날 직업은 불확실하기 때문에 인공지능이 보편적으로 사용되는 미래에는 많은 사람이 실업 상태에 빠질 것이라고 예상되고 있어요. 게다가 새로 생겨나거나 유

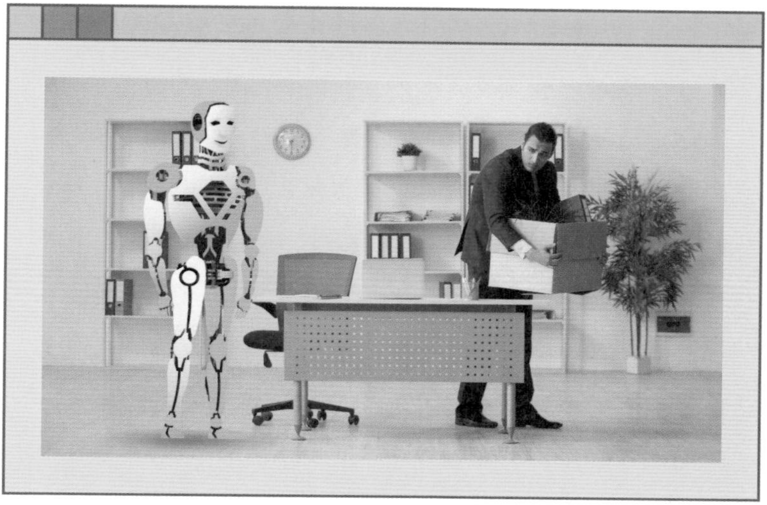

지될 직업의 대다수가 청소나 유지 보수처럼 아주 단순하고 저렴한 노동을 하는 직업일 가능성이 높습니다. 기업을 소유하고 인공지능을 이용해 생산 활동을 하는 소수의 사람들은 많은 돈을 벌겠지만, 다수의 사람들은 빈곤에 시달리는 사태가 발생할 수 있어요. 많은 사람이 돈을 벌지 못하면 실제로 상품이나 서비스를 구매하는 사람들도 줄어들기 때문에 결국에는 상품과 서비스를 생산하는 기업의 이익도 줄어들게 됩니다. 이런 현상은 사회 전체를 빈곤하게 만들기 때문에 이를 막기 위해 모든 사람에게 국가가 다달이 일정한 돈을 지급함으로써 구매력을 보장하고 삶의 질을 적절하게 유지하도록 하는 '보편적 기본 소득 제도'를 운영해야 한다는 주장이 힘을 얻고 있죠.

인공지능이 만들어 내는 또 다른 문제는 바로 인공지능의 작동 기반이 되는 알고리즘과 관계가 있어요. 인공지능이 딥 러닝과 같은 기계 학습 방법을 이용해 데이터를 스스로 분석하고 문제 해결 방안을 찾는다고 하더라도, 알고리즘의 학습 기반이 되는 데이터와 알고리즘 자체는 인간이 만드는 것입니다. 이는 인공지능의 분석 결과나 적용 대상에 인간의 의지와 편견이 개입할 수 있다는 것을 의미해요. 인공지능은 공정하고 객관적인 답을 도출하는 신과 같은 장치가 아니라, 결국 인간의 특수한 동기와 편향된 의견에 영향을 받는 장치입니다.

2015년 다양한 직업에 대한 구글의 이미지 검색 결과를 현실의 수치와 비교한 미국 워싱턴대학교의 연구에 따르면, 직업에 대한 사회적 편견이 인공지능의 검색 작업에 영향을 끼친다는 사실이 드러났어요. 예를 들어, CEO의 이미지 검색 결과 여성이 11퍼센트를 차지하지만 실제 미국의 CEO 중 여성이 차지하는 비중은 27퍼센트로 두 배 이상 높았습니다. 작가의 이미지 중 25퍼센트가 여성이었지만 현실에서는 미국 작가의 57퍼센트가 여성이었어요. 이와 달리 통신판매원에 대한 이미지의 경우에는 64퍼센트가 여성으로, 남성보다 높은 수로 검색되었지만 현실에서는 남녀 비율이 거의 같았죠.

이런 편견은 인공지능을 의인화할 때 드러날 수도 있습니다. 예를 들어, 통신사나 스마트폰이 제공하는 음성인식 서비스에서 일종의 개인 비서 역할을 하는 인공지능은 여성으로 의인화되는 경우가 많아요. '서비스'라는 직무에 여성이 더 어울린다고 생각하는 인간의 편견이 작용한 것입니다.

또한 이용자의 데이터를 이용해 다양한 서비스를 제공하는 사업자들은 어떤 알고리즘을 사용하고 있는지를 비밀로 하고 있습니다. 우리는 그들이 제공하는 맞춤형 서비스가 어떤 알고리즘에 따라 도출되는 것인지를 알 방법이 없습니다. 알고리즘을 어떻게 구성하느냐에 따라 우리에게 제공되는 맞춤형 정보나 상품이 달라질 수 있어요. 따라서 알고리즘을 통해 우리의 감정을 조작하는 수준에까지 이를 수도 있습니다.

실제로 2014년 페이스북은 알고리즘을 수정해 이용자들을 특정한 콘텐츠에 노출되도록 만들었을 경우에 이용자들의 감정을 조작할 수 있다는 연구 결과를 발표하기도 했습니다. 알고리즘을 수정해서 특정한 콘텐츠를 계속 제공하면 이용자의 감정과 의견에 영향을 끼칠 수 있다는 것입니다.

이용자가 알고리즘이 필터링한 특정한 정보만을 접하게 되는 현상을 '필터 버블'Filter Bubble 이라고 합니다. 인공지능에 의해 제공되는 개인 맞춤형 서비스는 이용자를 필터 버블 안에 갇히게 만들 위험이 높아요. 이런 일이 계속되면 이용자는 자신의 생각과 일치하는 정보는 받아들이고, 일치하지 않는 정보는 무시하는 확증 편향에 빠져 사회에서 일어나는 일을 잘못 이해하고 극단적 행동을 하게 될 위험이 있죠. 예를 들어 보수적인 정치 성향을 가진 사람이 페이스북을 이용할 때, 보수적인 의견만이 뉴스 피드에 계속 게재되는 것을 쉽게 경험할 수 있습니다. 이런 현상은 건전한 공론장의 형성을 방해하고 사회적인 대립을 격화시킴으로써 민주주의의 실현에 해를 끼칩니다.

딥 페이크의 사례에서 나타나듯이, 정보를 조작하는 데 인공지능을 사용할 경우에도 사회적 혼란이 발생할 수 있습니다. 카메라로 촬영된 동영상은 현실을 보여 주는 증거처럼 사용돼 왔는데, 인공지능을 이용한 영상 조작이 일반화되면 영상의 사실성을 판별하기가 어려워지고 증거로서의 힘도 사라질 것입니다. 타인을 속이기 위해 인공지능을 악의적으로 사용하는 일이 많아질 경우에는 미디어가 전달하는 정보에 대한 믿음이 줄어들 것이고, 결국 사람들 사이에 신뢰가 무너지는 일이 발생하겠죠. 사람들 사이에 신뢰가 무너지면 공동체 사회를 유지하기가 힘들어집니다.

인공지능을 적절하게 사용하면 인간의 능력을 획기적으로 향상시키고 삶의 질을 크게 높일 수 있습니다. 우리는 인공지능을

통해 그동안 보지 못하고 알지 못했던 세계를 경험할 수 있습니다. 내가 만든 빅데이터를 분석함으로써 알지 못했던 나의 참모습을 발견할 수도 있죠. 인공지능을 사용하면서 잊지 말아야 하는 것은 바로 인간이 모든 정책과 활동의 출발이자 목적이 되어야 한다는 점입니다. 인간과 기계 사이의 협력과 공존을 통해 인간 중심의 사회를 구현할 때 비로소 인공지능을 기반으로 한 4차 산업혁명도 가치 있는 혁명으로 자리매김할 수 있을 것입니다.

똑똑한, 이상한, 꿈틀대는 뉴미디어

초판 1쇄 펴낸날 2020년 2월 7일
초판 5쇄 펴낸날 2021년 5월 31일

지은이 | 주형일
펴낸이 | 홍지연
총괄본부장 | 김영숙
편집장 | 고영완
편집 | 소이언 정아름 김선현 한지연
디자인 | 남희정 박태연
마케팅 | 강점원 최은
관리 | 정상희
인쇄 | 스크린 그래픽

펴낸곳 | ㈜우리학교
등록 | 제313-2009-26호(2009년 1월 5일)
주소 | 03992 서울시 마포구 동교로23길 32 2층
전화 | 02-6012-6094
팩스 | 02-6012-6092
홈페이지 | www.woorischool.co.kr
이메일 | woorischool@naver.com

ISBN 979-11-90337-24-3 43300

• 책값은 뒤표지에 적혀 있습니다.
• 잘못된 책은 구입한 곳에서 바꾸어 드립니다.